Bernd Flessner

Die drei ???®
Handbuch Geheimbotschaften

Bernd Flessner

Die drei ???®
Handbuch
Geheimbotschaften

Illustriert von Alexander Jung

KOSMOS

Illustrationen von Alexander Jung

Umschlaggestaltung von Atelier Reichert auf der Grundlage von Aiga Rasch mit einer Illustration von Silvia Christoph

Fotos von Birgit Kustermann, Stuttgart

Dieses Buch folgt den Regeln der neuen deutschen Rechtschreibung.

Bibliografische Information der Deutschen Bibliothek
Die Deutsche Bibliothek verzeichnet diese Publikation in der deutschen Nationalbibliografie; detaillierte bibliografische Daten sind im Internet über http://dnb.ddb.de abrufbar.

ISBN 3-440-09992-X

Redaktion: Martina Zierold, Teresa Baethmann

Layout und Satz: Ralf Paucke

Produktion: Ralf Paucke

Printed in the Czech Republic / Imprimé en République tchèque

Postfach 10 60 11
D-70049 Stuttgart
TELEFON +49 (0)711-2191-0
FAX +49 (0)711-2191-422
WEB www.kosmos.de
E-MAIL info@kosmos.de

Inhalt

Geheimsprachen

Geheimschriften

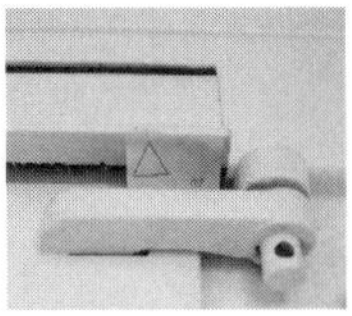

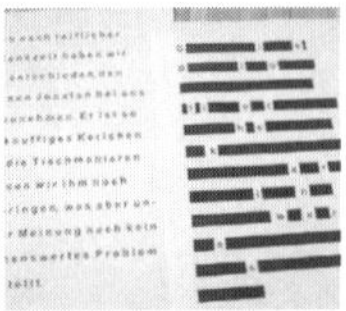

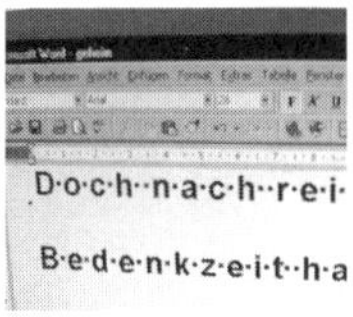

Geheimschriften entschlüsseln und Codes knacken

Kryptologisches Trainingscamp

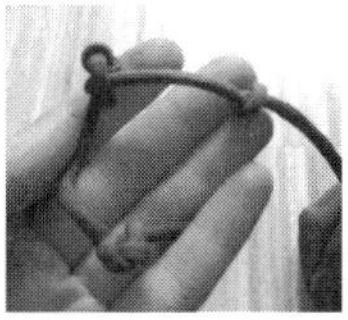

Die drei ???
Justus, Peter und Bob

Liebe Krimi-Fans und Detektivkollegen,

bald schon lösen wir unseren 125. Fall! Es ist unglaublich, auf welche verrückten, rätselhaften und unheimlichen Geschichten wir immer wieder stoßen, und ihr dürft sehr gespannt sein, was euch bei unsererem ‚Jubiläum' erwartet.

Manche Fälle, wie z.B. *Der geheime Schlüssel,* konnten wir nur lösen, weil wir in der Lage waren, verdeckte und verrätselte Botschaften zu entschlüsseln. So etwas kann sehr kompliziert sein: Zuerst muss man erkennen, dass sich hinter einer auf den ersten Blick vielleicht ganz gewöhnlichen Botschaft mehr verbirgt. Dann ist zu entscheiden, welche Teile der Botschaft überhaupt bedeutsam sind. So kann es sein, dass die eigentlich wichtige Information nur in einem einzigen Wort verschlüsselt ist. Und schließlich das Wichtigste: Die Botschaft muss dekodiert und verstanden werden.
Oft dauert es eine ganze Weile, bis einem endlich ein Licht aufgeht. Bei uns ist es meist Justus, der die Zusammenhänge am schnellsten überblickt. Aber ohne Peters praktischen Einsatz und Bobs Recherchen würde auch Justus oft keine Lösung einfallen.

Genauso wichtig wie das Entschlüsseln fremder Geheimbotschaften kann das Codieren eigener Nachrichten sein. Gerade wir Detektive geraten ja immer wieder in brenzlige Situationen, in denen die Gefahr besteht, dass (lebens-)wichtige Mitteilungen in falsche Hände kommen. Dann ist es natürlich absolut notwendig, Codes zu kennen, die nur eingeweihte Personen lesen und verstehen können.
Bestimmt habt auch ihr schon die eine oder andere Geheimbotschaft geschrieben – oder gar zu entziffern versucht? Damit ihr im Ver-

und Entschlüsseln richtige Profis werdet, haben wir dieses Handbuch für euch zusammengestellt: Es enthält alle wichtigen Informationen über Geheimsprachen und Geheimschriften.

Um diese Techniken im Detektivalltag anwenden zu können, ist es hilfreich, zu verstehen, wie Kommunikation überhaupt funktioniert. Wir haben deshalb alles Wissenswerte über Sprache und Schrift im allgemeinen recherchiert. Justus wird euch erzählen, was er über wichtige Rätselbotschaften in der Geschichte weiß (und das ist eine ganze Menge!). Außerdem hat er im ganzen Buch viele knifflige Rätsel versteckt. Ihr werdet sehen: Je mehr Rätsel ihr löst, desto leichter fällt es euch, versteckte Botschaften zu erkennen und zu knacken. Natürlich lernt ihr auch, wie ihr eigene Botschaften so sicher verschlüsselt, dass kein anderer sie verstehen kann. Wir haben sogar eine Anleitung geschrieben, mit der ihr die berühmte Enigma-Codiermaschine nachbauen könnt! Und dann gibt es noch das 'Kryptologische Trainingscamp' im letzten Kapitels dieses Buchs. Hier dürft ihr euch auf spannende Fälle freuen, die wir in Spionage-Spiele umgewandelt haben. Mit ihnen könnt ihr nicht nur das Ver- und Entschlüsseln von Botschaften trainieren, sondern euch auch mit anderen Detektivteams messen!

Wir wünschen allen unseren Detektivkollegen viel Spaß in der Welt der Geheimbotschaften und viele spannende Fälle!

Justus, Peter und Bob

Geheim-sprachen

Gute und professionelle Detektivarbeit ist ohne Geheim- und Zeichensprachen gar nicht vorstellbar. Denn oft gerät der Detektiv in Situationen, in denen er einem Kollegen brisante Informationen übermitteln muss, ohne dass andere diese Nachrichten verstehen dürfen. Vor allem bei Gefahr oder in einer Notlage kann eine verschlüsselte Nachricht die Rettung sein.

Geheimnisvolle Sprache

Das Wort „Medium“ ist als Substantiv seit dem 17. Jahrhundert bei uns bekannt. Es ist aus dem lateinischen Adjektiv „medius“ – „in der Mitte befindlich“ – hervorgegangen. Ein Medium befindet sich also in der Mitte zwischen einem Sender und einem Empfänger. Es gibt natürliche Medien wie die Sprache und technische Medien wie das Fernsehen oder den Computer. Verschiedene Medien können auch kombiniert werden. Wer z.B. telefoniert, setzt ein natürliches Medium (Sprache) und ein künstliches (Telefon) ein.

Bevor wir uns den Geheimsprachen und ihrer Bedeutung für die Detektivarbeit zuwenden, müssen wir etwas mehr über die Sprache selbst wissen. Denn nur, wer weiß, was Sprache überhaupt ist und wie sie funktioniert, kann auch mit Geheimsprachen umgehen und sie einsetzen.

Der Mensch kann sprechen. Diese Tatsache ist so selbstverständlich, dass sich die meisten Menschen darüber keine Gedanken machen. Sprache ist Teil unseres Alltags. Ohne Sprache ist unser Leben kaum vorstellbar. Einkaufen, Telefonieren, Lernen in der Schule, Fernsehen – was immer wir auch machen, ohne zu sprechen und ohne Sprache zu verstehen, könnten wir viele Dinge nicht so tun, wie wir sie gewohnt sind.

Viele Wissenschaftler, die sich mit der Entstehung des Menschen befassen (sie werden übrigens Paläoanthropologen genannt) sind daher der Ansicht, dass vor allem die Sprache den Menschen vom Tier unterscheidet.

Wann der Mensch die Sprache erfunden hat, ist immer noch nicht genau erforscht. Einige Forscher meinen, dass einer unserer Vorfahren, der Homo habilis, der vor 2,4 Millionen Jahren in Afrika lebte, der erste sprechende Mensch war.

Den Tieren war dieser frühe Mensch damit überlegen, denn die Sprache eröffnete ihm Möglichkeiten der Verständigung, die Tiere in dieser Form nicht haben. Wer sprechen kann, ist in der Lage, über Dinge zu berichten, die weit weg sind, die schon vor langer Zeit passiert sind oder die erst noch geschehen werden. Erlebnisse können geschildert, Erfahrungen ausgetauscht und an andere weitergegeben werden. Ein Jäger konnte z.B. berichten, wo Beute zu finden ist, welchen Weg man gehen muss und wo Gefahren lauern.

All das wird erst durch Sprache möglich. Doch was ist eigentlich „Sprache“?

Sprache besteht aus Lauten, die zu Wörtern zusammengesetzt und aus denen dann Sätze gebildet werden. Diese Wörter haben eine Bedeutung, die von anderen ver-

standen wird. Sie stehen für Dinge, Zusammenhänge oder Eigenschaften. Das Wort „Löwe" steht für ein Raubtier, das in Afrika lebt. Wenn dieses Wort genannt wird, stellt man sich einen Löwen bildlich vor und kann dann über dieses Tier reden, obwohl es nicht körperlich anwesend ist. Aber als Wort ist es da. Das Wort ist ein Symbol für den Löwen. Wissenschaftler sprechen daher auch von einem „symbolischen Umgang mit der Wirklichkeit". Da wir eigentlich für alles ein Wort haben oder erfinden können, also auch für Dinge, die es vielleicht gar nicht gibt, z.B. Drachen oder Aliens, können wir uns auch über alles unterhalten. Über die Vergangenheit, die Zukunft, über Nahes, Fernes und Fantastisches, über Denkbares und Unmögliches, über Wahres und Falsches.

Tiere können dies nicht. Ihre Kommunikation untereinander dient der Nahrungssuche und der Fortpflanzung. Über schwierige Sachverhalte können Sie sich nicht verständigen, da ihnen die Fähigkeit fehlt, symbolisch zu kommunizieren.

Allerdings haben auch Menschen oft große Probleme, sich zu verständigen, denn die Symbole sind nicht festgelegt. Ein Schmetterling kann „Butterfly" (englisch), „Papillon" (französisch) oder „Flinnerk" (ostfriesisch) heißen. Die Menschen haben im Laufe der Zeit unterschiedliche Sprachen entwickelt. Und je nachdem, in welcher Umgebung sie leben, auch unterschiedliche Begriffe. Experten schätzen, dass heute ungefähr 5000 verschiedene Sprachen und Dialekte auf der Welt gesprochen werden. Doch eine Sprache ist nichts Dauerhaftes, sondern wird ständig weiterentwickelt. So kommen neue Sprachen und Dialekte dazu, während andere verschwinden, weil sie niemand mehr sprechen kann.

Viele Ausdrücke, die heute alltäglich sind, wie z.B. Handy, Fast Food oder E-Mail, hat es noch gar nicht gegeben, als deine Eltern oder Großeltern noch Kinder waren. Denn sobald neue Dinge hinzukommen, braucht man auch neue Symbole für sie, also neue Wörter. Andere Wörter, die nicht mehr benötigt werden oder aus der Mode gekommen sind, verschwinden dagegen langsam. Wer ein neues Wort nicht kennt, kann natürlich nicht verstehen, was der andere sagt. Gleiches gilt, wenn jemand eine fremde Sprache spricht.
Wenn man also die Symbole und ihre Bedeutung in einer Sprache nicht kennt, kann man sie auch nicht verstehen. Dies gelingt erst, nachdem man die Sprache erlernt hat. Dann weiß man z. B., dass „Löwe“ auf Englisch „lion“ heißt und könnte sich mit einem Engländer oder Amerikaner darüber unterhalten. Um Informationen auszutauschen, muss man nicht nur sprechen können, sondern auch denselben Code, also dieselbe Sprache benutzen, wie der Gesprächspartner.
Um Kommunikation zu veranschaulichen, verwenden Wissenschaftler ein Kommunikationsmodell, das in der Illustration unten links dargestellt wird:
Bob sagt zu Peter: „Wir treffen uns in der Zentrale!“ Da Peter die gleiche Sprache spricht und die Bedeutung des Wortes „Zentrale“ kennt, wird er sich auf dem Schrottplatz einfinden. Doch jemand, der nicht weiß, was mit „Zentrale“ gemeint ist, oder kein Deutsch sprechen kann, versteht Bobs Botschaft nicht.
Der Sender, in diesem Fall ein Mensch, braucht ein Medium, um kommunizieren zu können. Über das Medium (Sprache) können Sender und Empfänger nur kommunizieren, wenn sie den gleichen Code benutzen. Das bedeutet, dass beide die gleiche Sprache beherrschen müssen.

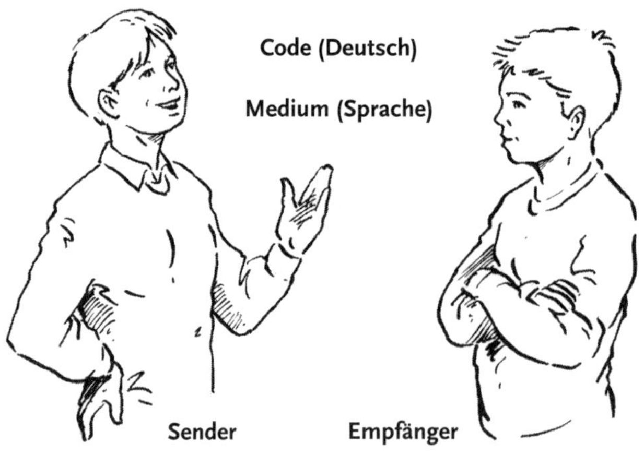

Geheim- und Zeichensprachen

Geheimsprachen funktionieren genauso wie jede andere Sprache. Auch bei einer Geheimsprache gibt es einen Sender und einem Empfänger, es gibt das Medium der Sprache und einen Code. Doch dieser spielt hierbei eine ganz besondere Rolle. Denn schon die kleinste Änderung dieses Codes, in diesem Fall der deutschen Sprache, macht aus einer allgemein verständlichen Sprache eine Geheimsprache. Äußerst wirkungsvoll ist natürlich die Verwendung eines unbekannten Codes, also einer fremden Sprache. Auf diese Idee sind z. B. die Amerikaner im Zweiten Weltkrieg gekommen. Sie hatten nämlich große Sorge, dass ihre geheimen Funksprüche von den Japanern abgehört und entschlüsselt werden könnten. Zwar benutzten sie komplizierte Chiffrier- und Dechiffriermaschinen, doch hatte diese Art der Nachrichtenübermittlung gleich zwei Nachteile.

Die Wissenschaft, die sich mit Geheimsprachen und Geheimschriften befasst, wird „Kryptologie" genannt (Griechisch: kryptikós = verborgen, geheim; lógos = Wort, Wissenschaft), also die Wissenschaft vom Geheimen.

Mit einer Chiffriermaschine wird eine Nachricht in eine Geheimsprache übersetzt. Um sie nach dem Empfang wieder in eine verständliche Nachricht zu übersetzen, benötigt man eine Dechiffriermaschine.

Einerseits waren die Codes von den Japanern vielleicht doch zu knacken, andererseits dauerte es oft mehrere Stunden, bis die Amerikaner selbst eine Funkmeldung entschlüsselt hatten.
Um auf Nummer Sicher zu gehen, bedienten sich die Amerikaner eines ungewöhnlichen Mittels. Sie setzten eine ungewöhnliche und sehr komplizierte Sprache, nämlich die der Navajo-Indianer zum Verschlüsseln ihrer Nachrichten ein. Diese Sprache unterscheidet sich deutlich von allen anderen Sprachen. Außerdem war sie noch nie von ausländischen Wissenschaftlern erforscht worden und somit Deutschen wie Japanern unbekannt. Selbst in den USA gab es nur 28 Menschen außerhalb des Indianer-Stamms, die diese Sprache verstehen konnten.
Ab 1942 hat die US-Armee insgesamt 420 Navajo-Indianer zu Funkern ausgebildet und an die Front geschickt.

Alle wichtigen Botschaften der Amerikaner wurden seitdem in die Navajo-Sprache übersetzt und erst dann übermittelt. Und so sehr sich die Japaner auch bemühten, es gelang ihnen nicht, diesen außergewöhnlichen Code zu knacken. Dank der Navajo-Sprache konnten die Amerikaner geheime Nachrichten und Befehle nun schnell und sicher funken. Denn sie hatten gewissermaßen den kompletten Code ausgetauscht, in diesem Fall die Sprache.

Doch dazu braucht man nicht unbedingt eine Indianersprache. Bei Medizinern, Theologen oder Sprachwissenschaftlern ist Latein z.B. sehr beliebt, wenn es darum geht, den Inhalt von Gesprächen geheim zu halten. Zu einem ähnlichen Trick greifen manchmal auch Eltern, wenn sie wichtige Dinge auf Englisch oder Französisch besprechen, weil sie nicht für die Ohren der Kinder bestimmt sind.

Englisch oder Latein sind relativ bekannte Sprachen, die von vielen Menschen verstanden werden. Es gibt aber auch Sprachen, die kaum jemand kennt und nur wenige verstehen können. Ein schönes Beispiel ist die Pfeifsprache „El Silbo“, die vor rund 500 Jahren auf der Insel La Gomera entstanden ist. Damals hatten die wenigen Bewohner ein Verständigungsproblem, weil sie sehr weit voneinander entfernt wohnten. Vor allem die vielen Täler und Schluchten ließen es nicht zu, schnell

Die Navajo sind ein sehr kleiner Indianerstamm aus Nordamerika, der eine außergewöhnliche Sprache spricht. Diese Sprache ist ganz anders als alle bisher bekannten Indianersprachen und wird deshalb auch von anderen Indianerstämmen nicht verstanden.

Justus' Tipp

Wofür du diese Informationen brauchst? Das ist ganz einfach: Je mehr du über die Sprache und ihre Möglichkeiten weißt, um so besser kannst du auch mit Geheimsprachen umgehen und arbeiten. Du kannst leichter eigene Geheimsprachen und Codes entwickeln. Außerdem hast du bessere Chancen, wenn es darum geht, die Geheimsprachen anderer zu entschlüsseln. Erforscht werden Geheimsprachen übrigens von der 1999 gegründeten Internationalen Gesellschaft für Sondersprachen (IGS), deren Sitz sich an der Universität Münster befindet.

La Gomera zählt wie Teneriffa oder Gran Canaria zu den Kanarischen Inseln, die im Atlantik vor der Küste Marokkos liegen. Diese Inseln gehören zu Spanien.

mal mit dem Pferd zum Nachbarn zu reiten. Da die menschliche Stimme nur ein paar hundert Meter weit reicht, besannen sich die Inselbewohner aufs Pfeifen. Die verschiedenen Wörter werden mithilfe der Tonhöhe und der Tonlänge gebildet. Im Gegensatz zur gesprochenen Sprache ist die Pfeifsprache über viele Kilometer hinweg zu verstehen. Früher gab es sogar richtige El-Silbo-Stationen, über die eine Nachricht von der einen bis zur anderen Seite der Insel gepfiffen wurde. El Silbo ist so außergewöhnlich, dass die UNO sie zu einem Weltkulturgut erklärte, das unbedingt geschützt werden muss. „Sprechen" können diese Sprache natürlich nur wenige. Auf La Gomera kann man in besonderen Kursen diese Pfeifsprache erlernen. Auch das Jodeln hat einst in vielen Alpentälern als Verständigungsmittel gedient. Da im Allgäu aber z. B. anders gejodelt wird als in Österreich, gibt es eine ganze Reihe verschiedener Jodel-Codes.

Bekannter ist dagegen die Gehörlosen- oder Gebärdensprache, die als vollwertige Sprache gilt. Leider beherrschen sie nur sehr wenige Menschen mit intaktem Gehör. Für Außenstehende ist auch sie eine Art Geheimsprache, die aus verschiedenen Fingerzeichen und Gesichtsausdrücken besteht. Ebenso geheimnisvoll sind für den Uneingeweihten die Rauchzeichen der Indianer, die Flaggensignale von Seeleuten oder das Senden von Morsesignalen. In diesen Fällen bestehen die Symbole zwar nicht aus Buchstaben und Wörtern, doch sie dienen genauso der Übermittlung eines Codes wie ein gesprochener Satz. Eine Sprache muss übrigens nicht vollständig fremd sein, um nicht verstanden zu werden. Oft genügt es schon, wenn wichtige Wörter codiert werden. Denke nur an die Berufsfachsprachen von Handwerkern, Ärzten oder Wissenschaftlern. Bei diesen Fachsprachen wird nicht der ganze Code geändert, sondern nur ganz bestimmte Begriffe. Doch das reicht schon aus. Wer die Begriffe nicht kennt, versteht kaum etwas. Spricht ein Arzt beispielsweise von einer Fraktur, meint er damit einen Knochenbruch. Wenn du das Wort aber nicht kennst, kannst du mit seiner Diagnose nicht viel anfangen.

Fremdsprachen und Dialekte

Wie das Beispiel der Navajo-Sprache zeigt, ist die einfachste Geheimsprache eine Fremdsprache.
Wer etwa aus einem anderen Land stammt oder mit einer Fremdsprache aufgewachsen ist, hat es leicht. Denn Türkisch, Italienisch oder Niederländisch spricht eben nicht jeder. Voraussetzung ist dabei natürlich, dass auch andere Mitglieder des Detektivclubs diese Sprachen sprechen. Falls nicht, gibt es folgende Möglichkeiten:

- Spricht nur ein Detektiv in deinem Club eine fremde Sprache, sollte er den anderen Mitgliedern wenigstens einige wichtige Sätze in dieser Sprache beibringen, die man im Notfall einsetzen kann. „Ich brauche Hilfe!", „Du bist in Gefahr!", „Lauf schnell weg!", „Wir treffen uns gleich in der Zentrale!" oder „Ruf sofort die Polizei!".
- Nutze den Urlaub in Italien, Griechenland oder Tschechien, um ein paar wichtige Wörter und Sätze in der jeweiligen Landessprache zu erlernen. Hierbei hilft ein Sprachführer, der nicht viel kostet, oder oft schon im Reiseführer mit enthalten ist. Wieder in Deutschland, kannst du die erlernten Sätze deinen Freunden beibringen und sie als Geheimsprache einsetzen.
- Es muss nicht gleich eine fremde Sprache sein, ein Dialekt reicht oft schon aus, um andere am Mithören zu hindern. Auch hier ist es nicht immer erforderlich, einen Dialekt vollständig zu beherrschen, oft genügen schon wenige Ausdrücke oder Sätze, um geheim kommunizieren zu können. Vor allem, wenn man es mit Ortsfremden zu tun hat, empfiehlt sich diese Art der Geheimhaltung. So weiß z.B. kein Bayer, dass „Hilfe" auf Plattdeutsch „Baat" heißt, während ein Ostfriese nicht wissen wird, dass ein „Strolch" in Österreich „Pülcher" genannt wird. Wer also eine Mundart spricht, sollte sie auch einsetzen.

Peters Tipp

Schwäbisch, Friesisch oder Sächsisch in geheimer Mission? Für wen das abwegig klingt, der sollte wissen, dass auch die Geheimdienste im Zweiten Weltkrieg Mundarten und Dialekte eingesetzt haben. Denn für Mundarten gab es damals nur selten ein Wörterbuch wie für Englisch oder Deutsch. Bis man endlich jemanden gefunden hatte, der den Dialekt verstand, war es meistens schon zu spät und die abgehörte Nachricht nicht mehr aktuell. Und was Geheimdienste können, das können Detektive schon lange.

Rotwelsch

Romanische Sprachen werden Sprachen genannt, die sich aus dem Lateinischen entwickelt haben. Dazu gehören z. B. Italienisch, Spanisch und Französisch.

Eine der Geheimsprachen, die von der Internationalen Gesellschaft für Sondersprachen erforscht wird, ist Rotwelsch. Diese Sprache ist im Mittelalter entstanden und wurde von Bettlern, Zirkusleuten, Gauklern und Gaunern gesprochen. „Rot“ ist eine alte Bezeichnung für „falsch“, aber auch für „Bettler“; „welsch“ bedeutet „romanisch“, also „zu den romanischen Sprachen gehörend“.

Rotwelsch ist eine Mischung aus verschiedenen Sprachen: dem Deutschen, den Sprachen der Sinti und Roma und dem Jiddischen, also der Sprache der osteuropäischen Juden. Auch französische Ausdrücke finden sich im Rotwelschen und viele erfundene Wörter, etwa „Flätterling“ für Vogel oder „Bibberling“ für den Winter. Außerdem gibt es keinen festen Wortschatz, d.h., es gibt für ein deutsches Wort oft mehrere rotwelsche Ausdrücke.

Rotwelsch diente den Bettlern und Landstreichern dazu, sich von den Normalbürgern abzugrenzen und Botschaften auszutauschen, die nur die Eingeweihten verstehen konnten. Sobald jedoch ein Begriff allgemein bekannt wurde, z. B. „Kies“ für „Geld“ oder „Pulle“ für „Flasche“, wurde ein neuer Begriff gewählt. So blieb Rotwelsch immer eine Geheimsprache.

Heute gibt es nicht mehr viele Menschen, die Rotwelsch verstehen.
Immerhin war die Sprache der Bettler und Landstreicher einmal so weit verbreitet, dass sich heute noch 77 Begriffe im Duden finden, die aus dieser Geheimsprache stammen. Hier sind ein paar Beispiele, die nicht im Duden stehen:

Achprosch	Dieb
auscher	reich
Bais	Haus
Bajes	Unterkunft, Herberge für Diebe
Balo	Schwein
Dalmer	Schlüssel
Dalmerei	Türschloss
Dez	Kopf
Diberei	Unterhaltung
Dierling	Auge
Dofes	Gefängnis
Drat	Geld
Dubi	Brot
eindofen	einsperren
facklen	schreiben
Feneter	Fenster
flädern	stehlen
Fledermaus	Steckbrief
Flepp, Flebbe	Papier
linke Flebbe	falscher Pass
Flossart	Wasser
Gab	Dorf
Gallen	Stadt
Galme	Kind
Gaskekaffer	Lehrer
Hanfling	Strick
Harterich	Messer
Hegel	gefährlicher Mensch
Jad	Hand
Jam	Tag
Jahre	Wald
Kapormore	Mord
Lafone	Mond
Lampen!	Warnruf bei Gefahr
Langrassler	Eisenbahn
Läufer	Schuh
Penk	Mann
Pickus	Essen
glatter Pickus	gutes Essen
Puhler	Polizist (daraus ist das Wort „Bulle“ entstanden)
Rabine	Leiter
Ramele	Tasche
Ratte	Nacht
Riffel	Hund
Ringling	Garten
Rollert	Wagen
Schärfenspiler	Hehler
Tibialia	Fesseln
Tirat	Weg
vergneisen	erkennen
verkennen	verkaufen
verschmusen	ausplaudern
Wärmling	Ofen
Zündling	Feuer

Neben dem Rotwelschen gab und gibt es noch eine ganze Reihe anderer Geheimsprachen, etwa das Jenische, das oft mit dem Rotwelschen verwechselt wird.

Bobs Tipp

Die rotwelschen Wörter sollte jeder gute Detektiv kennen, zum einen, um sie im Notfall zu verstehen, zum anderen, um sie selbst verwenden zu können. Kein Lehrer wird herausbekommen, was ihr vorhabt, wenn du zu deinen Freund auf dem Schulhof sagst: „Lass uns den Dalmer von dem Mathe-Gaskekaffer flädern, dann können wir in sein Bais gehen und dort jede Diberei mitanhören und sie verschmusen.“

Ketelkloppersprook und Zunftsprachen

Nicht nur die Gauner und die Jenischen haben ihre eigene Geheimsprache, sondern auch viele Berufsgruppen. Zum einen wollen sie sich von anderen Berufsgruppen unterscheiden, zum anderen wollen sie nicht von jedem Neugierigen verstanden werden. Außerdem müssen sie Spezial- und Sonderfälle so beschreiben können, dass ihr Arbeitskollege auch sicher weiß, wo das Problem liegt. Und dazu reicht meist der normale Wortschatz nicht aus.

Eine dieser Sprachen ist die Ketelkloppersprook, die berühmte „Geheimsprache des Hamburger Hafens“. Erfunden wurde sie zu Zeiten der Dampfschifffahrt, als die Kessel der Dampfschiffe regelmäßig von Salz und anderen Ablagerungen befreit werden mussten. Das war der Beruf der Kesselklopfer (Ketelklopper), die aus dem Plattdeutschen der Hafenarbeiter eine eigene Sprache entwickelten, die nur sie verstanden.

So konnten sie sich, während sie in einem Kessel steckten, mit den Kollegen unterhalten, die in anderen Kesseln arbeiteten. Selbst wenn sie dabei sehr laut sprechen mussten, waren nicht einmal ihre Vorgesetzten in der Lage, sie zu verstehen. Die un-

ter Kollegen übliche Frage „Hast du eine Zigarette für mich?“ heißt z.B. in der Ketelkloppersprook: „Esthi udi eni Igazietteri orfi mi?“
Bekannt für ihre eigenen Sprachen sind auch die Handwerkerzünfte. Vor allem Gesellen auf Wanderschaft verwenden Ausdrücke, die sonst kaum jemand versteht. Den Meister, bei dem sie gerade arbeiten, nennen sie „Krauter“ und das Auto des Meisters „Krautomobil“. Das Arbeiten bei einem Meister heißt „Schenigeln“. Treffen sich mehrere Gesellen, können sie sich in Ruhe unterhalten, ohne dass Mithörer sie stören, denn auch diese Zunftsprachen sind Geheimsprachen. Um sie zu erlernen und zu verstehen, muss man erst „einwandern“, also in die Zunft aufgenommen werden.
Überhaupt haben viele Berufe ihre eigene Sprache, die nicht für Außenstehende bestimmt ist, sondern nur von ‘Insidern’ verstanden wird. Man braucht nur zwei Medizinern, zwei Schreinern, zwei Köchen oder zwei Jägern zuzuhören und wird sehr schnell merken, wie wenig man versteht. So nennen Jäger das Fell eines Tieres „Decke“, den vorderen Teil des Rüssels eines Wildschweins „Gebrech“ und das Blut eines verletzten Tieres „Schweiß“. Wenn Köche angerichtete Speisen mit Soße übergießen, nennen sie es „maskieren“, beim „Pariren“ wird das Fleisch zugeschnitten und in Form gebracht, beim „Bardieren“ mit Speckscheiben belegt.
Geheimsprachen sind also keine Seltenheit, sondern im Alltag gang und gäbe.

EINE ART GEHEIMSPRACHE

Oft tauchen Geheimsprachen auch da auf, wo man es gar nicht vermutet, etwa in einem Urlaubskatalog. Die meisten Reiseveranstalter machen selbstverständlich wahrheitsgemäße Angaben über ihre Urlaubsangebote. Doch einige schwarze Schafe beschreiben die Urlaubsziele gerne in einer Art Geheim-

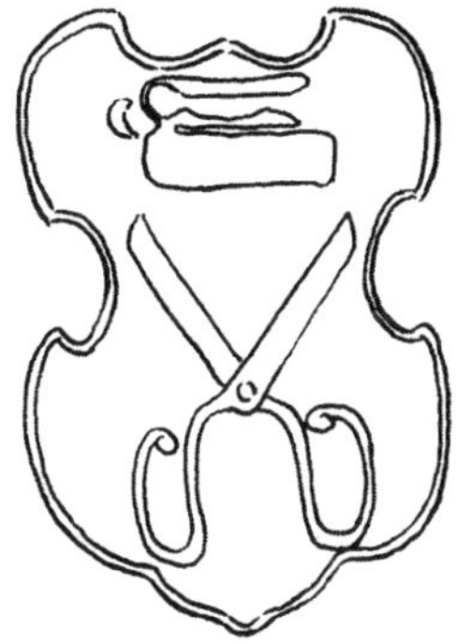

Die Zünfte entstanden im Mittelalter, wobei jedes Handwerk eine eigene Zunft bildete. Es gab z.B. die Bäckerzunft, die Zimmermannszunft und die Zunft der Schmiede. Ihre Aufgabe war es, eine Ordnung für das jeweilige Handwerk festzulegen, also Regeln für die Ausbildung und das Führen eines Handwerksbetriebs.

sprache, die nicht jeder Kunde richtig zu deuten weiß. Liest man z. B. von einem „Direktflug“, so könnte man meinen, es handle sich um einen „Non-Stop-Flug“, also einen Flug ohne Zwischenlandungen. Das Wort „Direktflug“ besagt aber nur, dass das Flugzeug keine Umwege fliegt. Zwischenlandungen sind also keineswegs ausgeschlossen, sondern sogar wahrscheinlich.

Hier noch ein paar Beschreibungen und ihre wahre Bedeutung:

Hotel direkt am Meer
Es muss aber kein Strand vorhanden sein. Das Hotel kann beispielsweise auch auf einer Klippe stehen.

Naturstrand
Wahrscheinlich kein Sandstrand, sondern eine eher steinige Uferböschung. Duschen sind nicht vorhanden, dafür könnten aber, je nach Meeresströmung, Algen und Quallen in größeren Mengen auftreten.

Feiner Korallenstrand
Auf dem man aber nicht barfuss laufen sollte, weil die Korallensplitter unter Umständen sehr scharf sein können.

Beheizbarer Swimmingpool
Bedeutet nur, dass theoretisch die Möglichkeit dazu besteht. Er muss aber nicht beheizt sein.

Saubere und zweckmäßige Zimmer
Aber ohne jeglichen Komfort. Das Einfachste vom Einfachen.

Aufstrebender Ferienort
Baulärm und Betonstaub einerseits, aber noch keine Gasthäuser, Geschäfte und gute Verkehrsverbindungen.

Unaufdringlicher Service
Also gar keiner.

Verkehrsgünstige Lage
Das Hotel liegt an einer stark befahrenen Straße. Autolärm rund um die Uhr.

Mit verschlüsselten Formulierungen arbeiten auch Unternehmer, die einem Angestellten nach der Beendigung des Arbeitsverhältnisses ein Arbeitszeugnis ausstellen müssen. Mit diesem Zeugnis bewirbt sich dann der Arbeitnehmer bei einem anderen Arbeitgeber. Da der Arbeitgeber in einem Zeugnis nichts Negatives über den Arbeitnehmer schreiben darf, muss er seine Beurteilung zum Teil geschickt hinter besonderen Formulierungen verstecken. Dem neuen Chef werden so wichtige Hinweise auf die tatsächlichen Qualitäten des Bewerbers gegeben. Oft sehen die Beurteilungen auf den ersten Blick gleich aus, doch wer genau aufpasst, erkennt anhand kleiner Unterschiede die eigentliche Note:

- „Er erledigte die ihm übertragenen Aufgaben stets zur vollsten Zufriedenheit." = sehr gut
- „Er erledigte die ihm übertragenen Aufgaben stets zur vollen Zufriedenheit." = gut
- „Er erledigte die ihm übertragenen Aufgaben zur vollen Zufriedenheit." = befriedigend
- „Er erledigte die ihm übertragenen Aufgaben zu unserer Zufriedenheit." = ausreichend
- „Er erledigte die ihm übertragenen Aufgaben im Großen und Ganzen zu unserer Zufriedenheit." = mangelhaft

Zumeist ist der ganze Text so formuliert, dass nur Eingeweihte ihn deuten können. Heißt es z.B. über einen Arbeitnehmer: „Er hat stets mit der ihm eigenen Sorgfalt gearbeitet", klingt das sehr positiv. In Wahrheit bedeutet diese Aussage jedoch, dass er nicht mit der Sorgfalt gearbeitet hat, die von ihm verlangt wurde. Nach einem Lob klingt auch der Satz: „Er hat sich stets bemüht, die ihm gestellten Aufgaben ordnungsgemäß zu erledigen." Der neue Chef aber weiß jetzt: Bemüht hat er sich zwar, aber geschafft hat er es nicht.

Justus' Tipp

Diese Art der Geheimsprache, die über den wahren Sachverhalt geschickt hinwegtäuscht, findet man nicht nur in Reisekatalogen und Arbeitszeugnissen, sondern in vielen Bereichen des Alltags. Vor allem jedoch in der Werbung. Wer sich Werbetexte und Werbeslogans genau ansieht, wird schnell merken, dass viele Aussagen gar nicht stimmen oder den Kunden in die Irre führen. Wird z.B. für ein Auto mit dem Slogan geworben „Das Automobil der Zukunft", müsste man eigentlich sehr erstaunt darüber sein, dass man dieses Auto jetzt schon kaufen kann – und nicht erst in ein paar Jahren. Die Aussage ist demnach falsch, denn das Auto ist ein Produkt der Gegenwart. Der Kunde aber soll denken, das beworbene Modell hätte bereits Qualitäten, die Autos erst in Zukunft haben werden. So ist es eine gute Übung für einen Detektiv, Werbetexte unter die Lupe zu nehmen und hinter ihr Geheimnis zu kommen. Welche Botschaft haben sie wirklich? Wann verschweigen sie die Wahrheit?

Die Sprache der Detektive

Das Identi-Kit ist ein Verfahren, mit dem die Polizei Phantombilder von Tätern nach Angaben von Augenzeugen herstellt. Die Zeugen beschreiben den Täter, und ein Polizist stellt aus mehreren vorgefertigten Zeichnungen das Bild der gesuchten Person zusammen. Ist ein Phantombild fertig, wird es in Zeitungen abgedruckt, um den Verdächtigen zu finden.

Gegenstände, die bei einem Kriminalfall eine wesentliche Rolle spielen, werden „Asservate" genannt (lat.: asservare = verwahren). Asservate werden in einer Asservatenkammer sorgfältig verwahrt, um z.B. bei einer Gerichtsverhandlung als Beweis zu dienen.

Selbstverständlich haben auch Kommissare, Ermittler und Detektive eine eigene Fachsprache. Allerdings ist diese nicht mehr besonders geheim, denn durch zahlreiche Kriminalromane und Kriminalfilme weiß fast jeder, was Asservate oder ein Identi-Kit sind, was man unter Daktyloskopie versteht oder wann man ein Alibi benötigt. Für einen Detektiv ist es zwar wichtig, mit diesen kriminalistischen Fachausdrücken umgehen zu können, doch als Geheimsprache kann man diese Begriffe beim besten Willen nicht mehr bezeichnen.

Gute Detektivarbeit ist aber ohne eigene Geheimsprache nicht möglich, denn auf dem Schulhof, im Bus, im Café, im Kino oder auf dem Sportplatz lauschen viele neugierige Ohren. Für dieses Problem bieten sich folgende Lösungen an:

- Ihr benutzt eine euch bekannte Fremdsprache oder zumindest bestimmte Ausdrücke aus dieser Sprache. (Siehe Seite 19)
- Ihr setzt einen Dialekt ein, der beispielsweise in einem anderen Bundesland gesprochen wird. Am besten eignen sich hierbei Dialekte, die viele eigene Wörter haben (Siehe Seite 19).
- Ihr verwendet Ausdrücke aus dem Rotwelschen (siehe Seite 21), die kaum jemand kennt.
- Am sichersten ist es jedoch, ihr erfindet eure eigene Detektivsprache. Das ist gar nicht so schwer. Zuerst müsst ihr eine Code-Liste mit den Begriffen aufstellen, die geheim bleiben sollen. Danach ordnet ihr die Wörter alphabetisch, egal, ob es sich um Adjektive, Substantive oder Verben handelt. Dann denkt ihr euch Fantasiewörter aus, die die Begriffe auf der Liste ersetzen sollen. Plötzlich heißt es dann nicht mehr „wir treffen uns in der Zentrale", sondern „wir schaffen uns in der Spirale" oder „wir mullen uns in der Knulle".

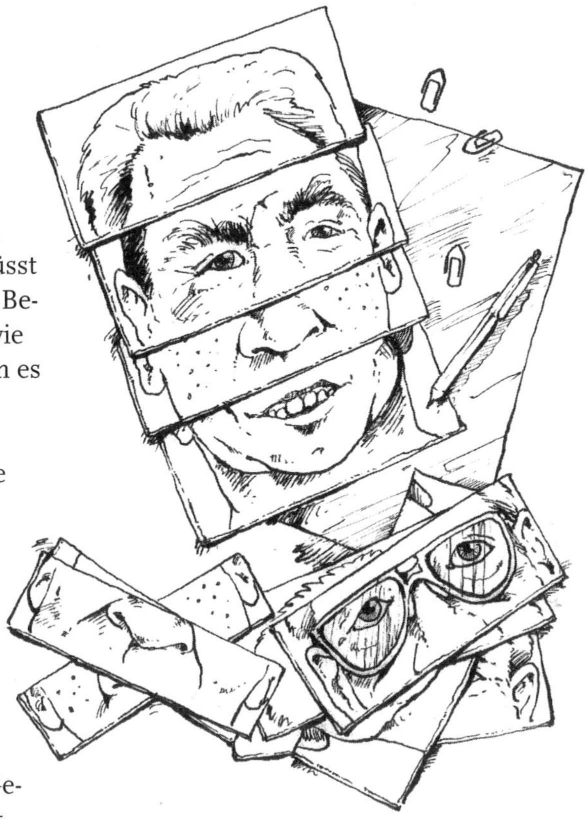

Ihr ersetzt also einen bekannten Begriff durch einen anderen. Diese Entwicklung einer Geheimsprache nennt man Substitution.
Mehr dazu erfährst du im nächsten Kapitel. Jetzt müsst ihr nur noch diese neuen Begriffe auswendig lernen wie Vokabeln, und schon kann es losgehen.

▸ Setzt niemals eine Geheimsprache ein, ohne sie vorher getestet zu haben. Bittet also einige vertrauenswürdige Freunde oder Geschwister, bei einem Gespräch, das ihr in eurer Geheimsprache führt, zuzuhören. Gelingt es ihnen auch nur halbwegs, den Sinn des Gesagten wiederzugeben, ist eure Geheimsprache noch nicht ausgereift. Wahrscheinlich ist eure Code-Liste zu kurz, ihr müsst sie also um weitere Wörter ergänzen. Kann jedoch niemand erklären, was ihr besprochen habt, hat eure Geheimsprache den Test bestanden. Wenn du so einen Großein-

Daktyloskopie ist der kriminalistische Fachausdruck für die Sicherung von Fingerabdrücken, die als Beweis dienen. Das Wort stammt aus dem Griechischen und bedeutet „Fingerschau“.

Alibi ist der kriminalistische Fachausdruck für den Nachweis, dass sich ein Verdächtiger zum Zeitpunkt einer Tat nicht am Tatort aufgehalten hat. „Alibi“ ist lateinisch und bedeutet „anderswo“.

Bobs Tipp

Nicht immer kann man einen Fall nur mit zwei, drei Detektiven lösen, sondern braucht Verstärkung von Freunden oder Geschwistern. Manchmal sind sogar sehr viele Hilfsdetektive nötig, denkt nur mal an Emil Tischbein. Ohne seine vielen Detektivfreunde hätte er den Dieb nie gefasst und sein Geld nicht zurückbekommen.

„Emil und die Detektive" war das erste Kinderbuch des deutschen Schriftstellers Erich Kästner (1899–1974). Es entstand 1928 und schildert die Geschichte von Emil Tischbein, der auf der Bahnfahrt nach Berlin von dem Ganoven Grundeis bestohlen wird. Mithilfe vieler neuer Freunde, die er in Berlin trifft, gelingt es ihm jedoch, den Dieb zu stellen und verhaften zu lassen. Der Roman ist mehrfach verfilmt worden und unbedingt lesenswert.

satz planst, darfst du eines auf keinen Fall vergessen, nämlich eine Parole. Bei Emil und den Detektiven heißt sie schlicht „Parole Emil". Eine Parole wird nur an vertrauensvolle Hilfsdetektive ausgegeben. Außerdem werden Meldungen und Beobachtungen nur akzeptiert, wenn vorher die Parole genannt worden ist. Das ist besonders am Telefon wichtig, wenn du deinen Gesprächspartner nicht siehst. Sonst könnte euch ein falscher Detektiv eine Meldung unterjubeln, die nicht stimmt – und damit eine Menge Verwirrung stiften.

Substitution und Geheimsprachen

Wie im vorangegangenen Kapitel bereits erwähnt wurde, nennt man das Ersetzen eines Wortes durch ein anderes Substitution. Sehr viele Geheimsprachen und Geheimschriften arbeiten mit der Substitution. Auch das Rotwelsche, das Jenische oder eure eigene Geheimsprache funktioniert nach diesem Prinzip. Wer eine solche Sprache entschlüsseln will, braucht den passenden Code, der ihm verrät, welches Wort durch welches ersetzt werden muss. Im Grunde ist also jedes Wörterbuch, z. B. „Deutsch – Englisch" oder „Deutsch – Französisch" ein Codebuch. Wer es hat, kann eine Nachricht dechiffrieren, indem er sie einfach übersetzt. Achte also darauf, dass niemals jemand in den Besitz deiner Codeliste oder deines Codebuchs gelangt. Wie man ein Codebuch anlegt, erfährst du auf Seite 88.

Im Gegensatz zu einer Fremdsprache wird beim Jenischen oder Rotwelschen nicht jedes Wort durch ein unbekanntes ersetzt, sondern nur bestimmte wichtige Ausdrücke. So eine Sprache ist natürlich sofort als Geheimsprache zu erkennen. Jeder, der sie hört, weiß, hier wird etwas gesprochen, was ich nicht verstehen soll. In den meisten Fällen spielt das jedoch keine Rolle. Wichtig ist nur, dass der Lauscher den Inhalt eurer Botschaft nicht versteht.

Aber was ist, wenn ein neugieriger Zuhörer oder ein Verdächtiger auf keinen Fall mitbekommen darf, dass zwischen dir und einem anderen Detektiv Geheimnisse ausgetauscht werden? Was ist, wenn du einen anderen Detektiv warnen oder um Hilfe bitten musst, und das möglichst unauffällig geschehen soll? Auch für diese Situation gibt es eine Lösung, bei der die Methode der Substitution eingesetzt werden kann. Aber diesmal werden nicht viele Wörter ersetzt, sondern nur ganz wenige. Außerdem sind diese Wörter

Wird ein Buchstabe durch einen anderen ersetzt oder ein Wort durch ein anderes, so nennt man das Substitution (lat.: substituere = ersetzen).

ganz normale, unverdächtige deutsche Wörter, denen ihr eine andere Bedeutung gebt. Statt „Gefahr“ sagst du z. B. „Hunger“. Bist du in Gefahr, brauchst du einem anderen Detektiv nur zu sagen: „Ich habe großen Hunger.“ Das bedeutet: „Ich bin in großer Gefahr.“ Nur wer den Code kennt, kann den Satz verstehen. Alle anderen denken, du hättest tatsächlich Hunger.

Natürlich kann dich auch jemand, der den Code kennt, fragen: „Hast du Hunger?“ Antwortest du mit „Ja!“, weiß er Bescheid.
Wie ihr den Code gestaltet, bleibt natürlich euch überlassen. So können auch die Wörter „Fahrrad“, „Frisur“ oder „Hund“ für „Gefahr“ stehen. Lautet dann die Frage: „Wie geht´s deinem Hund?“, und du antwortest: „Schlecht!“, bist du in

Hier sind die seemännischen Zeitangaben:

	1. Wache	2. Wache	3. Wache	4. Wache	5. Wache	6. Wache
1 Glas	8.30	12.30	16.30	20.30	0.30	4.30
2 Glas	9.00	13.00	17.00	21.00	1.00	5.00
3 Glas	9.30	13.30	17.30	21.30	1.30	5.30
4 Glas	10.00	14.00	18.00	22.00	2.00	6.00
5 Glas	10.30	14.30	18.30	22.30	2.30	6.30
6 Glas	11.00	15.00	19.00	23.00	3.00	7.00
7 Glas	11.30	15.30	19.30	23.30	3.30	7.30
8 Glas	12.00	16.00	20.00	0.00	4.00	8.00

Gefahr. Antwortest du mit „Gut!“, ist alles okay.
Uhrzeiten zu verschlüsseln, ist ein besonderes Problem, das man aber mithilfe der Seemannssprache sehr gut lösen kann. Denn der Tag eines Seemanns ist in sechs Wachen zu je vier Stunden eingeteilt, jede Wache wiederum in acht „Glasen“ zu je einer halben Stunde. Diese Einteilung stammt aus der Zeit der gläsernen Sanduhren, die genau eine halbe Stunde Laufzeit hatten und danach sofort umgedreht werden mussten. Angezeigt wurde das Umdrehen, also die Uhrzeit, durch Anschlagen der Schiffsglocke.
Willst du dich also mit einem anderen Detektiv um 14:00 Uhr treffen, so sagst du zu ihm: „Um vier Glasen der zweiten Wache!“

Peters Tipp

Uhrzeiten kann man natürlich auch anders ausdrücken. Denn selbstverständlich kannst du auch hier die Substitution einsetzen und statt 15.00 Uhr beispielsweise „15 Punkte“ sagen. Noch besser ist ein zusätzlicher Code, der auch die Zeitangabe verändert. Nimm beispielsweise die Uhrzeit mal zwei. Dann heißt 15 Uhr plötzlich „30 Punkte“. Das ist zwar sehr einfach, aber trotzdem äußerst wirkungsvoll. Ersetzt du nun noch die Zentrale durch das Wort „Klausur“, bedeutet „30 Punkte in der Klausur“, dass ihr euch um 15.00 Uhr in der Zentrale trefft.

Ror-Sprache und Lautergänzungen

Wer Astrid Lindgrens Meisterdetektiv Kalle Blomquist kennt, der kennt auch die Ror-Sprache, in der sich die Weißen Rosen verständigen, wenn die Roten Rosen nicht mithören sollen.
Die Ror-Sprache gehört zu den Lautergänzungssprachen. Bei dieser Art von Geheimsprachen werden keine unbekannten Wörter oder Vokabeln fremder Sprachen eingesetzt. Die Sprache wird beibehalten, aber durch die Ergänzung von Lauten stark verändert. Um eine solche Sprache verstehen und sprechen zu können, muss man sie üben. Ungeübte Münder und Ohren haben keine Chance.

Hier einige Beispiele:

▸ Die Ror-Sprache:
Hinter jedem Konsonanten (Mitlaut) wird ein O eingefügt und der Konsonant anschließend wiederholt. Die Vokale (Selbstlaute) bleiben unverändert. Aus JUSTUS wird so JOJUSOSTOTUSOS, aus PETER wird POPETOTEROR und aus BOB wird BOBOBOB. Aus GEHEIMSPRACHE wird GOGEHOHEIMOMSOSPOPRORACOCHOHE. Hast du das Prinzip erst einmal verstanden, ist die Ror-Sprache schnell gelernt.

▸ Selbstverständlich kannst du nicht nur den Vokal O einsetzen, sondern jeden anderen Vokal, also A, E, I, U. Sogar die Umlaute Ä, Ö und Ü sind möglich.
Nimmt man das U, wird aus der GEHEIMSPRACHE die GUGEHUHEIMUMSUSPUPRURACUCHUHE. Beim Ä heißt es dann GÄGEHÄHEIMÄMSÄSPÄPRÄRACÄCHÄHE.

▸ Ähnlich funktioniert auch die B-Sprache, bei der nach jedem Vokal ein B eingefügt und der Vokal anschließend wiederholt wird. Aus dem Satz PETER IST IN GEFAHR wird PEBETEBER IBIST IBIN GEBEFABAHR.

▸ Eine weitere Lautergän-

zungssprache ist die Löffelsprache, bei der nach jedem Vokal ein L eingefügt und der Vokal dann wiederholt werden muss. Dann wird ein F eingefügt und der Vokal nochmals gesprochen.
Das klingt kompliziert – und ist es tatsächlich auch. Doch mit ein bisschen Übung kann man auch die Löffelsprache sicher verwenden. Der Satz PETER IST IN GEFAHR hört sich dann so an: PELEFETELEFER ILIFIST ILIFIN GELEFEFALAFAHR.

▸ Wieder der B-Sprache ähnlich ist die LEW-Sprache, bei der nach jedem Vokal LEW eingefügt wird und der Vokal wiederholt wird. Aus unserem Beispielsatz PETER IST IN GEFAHR wird PELEWETELEWER ILEWIST ILEWIN GELEWEFALEWAHR.

▸ Nach diesem Prinzip kannst du übrigens jederzeit selbst eine eigene Geheimsprache erfinden, deren Geheimnis nur du und deine Partner kennen.

Der Detektiv Kalle Blomquist wurde von der schwedischen Kinderbuchautorin Astrid Lindgren (1907–2002) erfunden. Der junge Detektiv denkt immer ein bisschen schneller als die Polizei und konnte deshalb mit seinen Freunden Rasmus und Eva-Lotte schon einige Kriminalfälle lösen. Das erste Buch heißt „Meisterdetektiv Kalle Blomquist“ (1946), gefolgt von „Kalle Blomquist lebt gefährlich“ (1951) und „Kalle Blomquist, Eva-Lotte und Rasmus“ (1953). Diese Bücher sollte jeder Detektiv kennen.

Justus' Tipp

Eine weitere Möglichkeit soll an dieser Stelle nicht unerwähnt bleiben: das Austauschen von Lauten bzw. Buchstaben. Dabei entstehen so genannte „Tauschwörter“, die oft sehr lustig klingen und von ahnungslosen Zuhörern meist für einen Spaß gehalten werden, ohne dass sie den Inhalt verstehen. Am einfachsten ist es, die Anfangsbuchstaben von zusammengesetzten Substantiven zu tauschen. Aus der Taschenlampe wird dann die Laschentampe, aus dem Geheimversteck das Veheimgersteck, aus dem Lagerfeuer das Fagerleuer und aus der Zielperson die Pielzerson. Nur ein kleiner Trick, der aber eine große Wirkung haben kann.

Ironie und uneigentliche Rede

Kaum ein Detektiv ist so cool wie Sam Spade. In jeder Situation hat er den richtigen Spruch auf Lager. Betritt er z.B. ein schäbiges, heruntergekommenes Zimmer, sagt er zu dem kleinen Ganoven, der in dieser billigen Absteige wohnt: „Ein wirklich schickes Apartment haben Sie." Betritt er die riesige Empfangshalle eines Hotels, sagt er zu seinem Begleiter: „Bisschen klein, finden Sie nicht auch?"

In beiden Fällen sagt Sam Spade das genaue Gegenteil von dem, was er eigentlich meint, denn das schäbige Zimmer ist alles andere als ein schickes Apartment und die Hotelhalle keineswegs klein. Eine solche Aussage nennt man „uneigentliche Rede", denn man meint nicht das eigentlich Gesagte. Sam Spade verwendet die uneigentliche Rede, um sich über die vorgefundenen Zustände lustig zu machen. In solchen Fällen wird die uneigentliche Rede auch als „Ironie" bezeichnet.

Ironie wird nur verstanden, wenn man den Gegenstand kennt, von dem die Rede ist. Wer also nicht weiß, dass es sich um ein schäbiges Zimmer handelt, kann die ironische Bemerkung „Ein wirklich schickes Apartment haben Sie“, nicht verstehen. Wer die Hotelhalle nicht gesehen hat, denkt, sie sei tatsächlich ein bisschen klein geraten. Doch gute Detektive wie Sam Spade nutzen die uneigentliche Rede nicht nur für ironische Bemerkungen, sondern auch, um einem Partner geheime Botschaften zu übermitteln. Denn die uneigentliche Rede ist ideal für Situationen, in denen niemand bemerken soll, dass eine Geheimsprache benutzt wird. Wenn man beispielsweise sicher ist, abgehört oder belauscht zu werden, wenn man in Gefahr schwebt oder andere warnen will. Was man in einem solchen Fall sagt, hängt natürlich von der jeweiligen Situation ab.

- Weißt du, dass ein bestimmter Ort beobachtet wird oder völlig ungeeignet als Versteck ist, sagst du z.B.: „Absolut sicherer Platz hier, bestens geeignet!“ Das Wort „absolut“ verstärkt hier noch die Abneigung gegen diesen Ort.
- Wirst du gefragt, ob der Typ, der bedrohlich neben dir steht, in Ordnung ist, sagst du: „Absolut zuverlässig!“ Auch hier setzt du das Wort „absolut“ ein und betonst es extra. Schon weiß dein Partner, dass das genaue Gegenteil der Fall ist.
- Auf die Frage von deinem Partner, ob du Hilfe brauchst, kannst du im Notfall unauffällig antworten: „Du weißt doch genau, dass ich niemals Hilfe brauche.“ Das Wort „niemals“ bedeutet hier natürlich „na klar, und zwar sofort“.
- Deutest du auf einen Verdächtigen und sagst: „Der ist absolut unschuldig“ oder „der ist mehr als unschuldig“ bedeutet das natürlich, dass er der Schuldige ist.

Der berühmte Privatdetektiv Sam Spade wurde von dem amerikanischen Schriftsteller Dashiell Hammett (1894–1961) erfunden. Der bekannteste Roman mit Sam Spade ist „Der Malteser Falke“, der 1930 mit Humphrey Bogart in der Titelrolle verfilmt wurde.

Bobs Tipp

Die uneigentliche Rede funktioniert natürlich nur, wenn ihr euch vorher darüber verständigt habt. Jeder von euch muss wissen, wie bestimmte Andeutungen gemeint sind, was das Wort „absolut“ bedeutet, wenn es besonders auffällig betont wird. Am besten setzt ihr euch zusammen und besprecht Situationen, in denen ihr zur uneigentlichen Rede greifen müsst.

Morsezeichen

Erfunden wurde der Morsetelegraf übrigens von dem Amerikaner Samuel Morse (1791–1872), der seine Erfindung 1837 zum Patent anmeldete. Auch das Morsealphabet stammt natürlich von ihm.

Morsezeichen sind zwar ein echter Klassiker, doch kaum jemand kann sie wirklich verstehen. Deshalb sind sie auch für die Detektivarbeit ideal geeignet. Natürlich denkt man bei Morsezeichen sofort an einen Morseapparat. Wie dieser gebaut wird, erfährst du auf Seite 72. Zunächst müssen die Mitglieder deines Detektivclubs natürlich das Morsealphabet beherrschen. Die Zeichen lernt man am besten alleine und fragt sich dann gegenseitig ab. Könnt ihr sie sicher, kann es losgehen.

▸ Zu einer guten Detektivausrüstung gehört selbstverständlich eine Taschenlampe. Wichtig ist, dass sie nicht nur einen An-/Aus-Schalter, sondern auch einen Signalknopf besitzt. Frische Batterien verstehen sich von selbst. Bei Dunkelheit kann man mit einer Taschenlampe selbst über große Entfernungen Botschaften übermitteln. Alle großen Detektive haben diese Methode eingesetzt, besonders gerne Miss Marple. Der große Vorteil liegt in der Lautlosigkeit. Lichtzeichen haben noch keinen aus dem Schlaf gerissen. Natürlich muss man vorher vereinbaren, wann man sich die Signale übermittelt. Jede Botschaft muss mit einem besonderen Signal, etwa einem längeren Druck auf den Signalknopf, beendet werden. Dann ist der Partner dran. Wenn man das Morsen mit der Taschenlampe regel-

mäßig übt, klappt es im Ernstfall umso besser.

▸ Bei Tageslicht nützt einem die Taschenlampe allerdings wenig. Doch sobald die Sonne scheint, kann man mit Hilfe eines Taschenspiegels morsen, der ebenfalls zur Grundausrüstung eines guten Detektivs gehört. Auch diese Art des Morsens erfordert ein bisschen Übung. Vor allem kommt es darauf an, sich in den richtigen Winkel zur Sonne zu stellen, um die Sonnenstrahlen gut mit dem Spiegel einfangen zu können. Der nächste Schritt ist das Anvisieren des Ziels, also des Aufenthaltsorts des Partners, dem man eine Nachricht übermitteln will. Am Ziel sucht man sich eine Fläche, auf die sich das reflektierte Sonnenlicht lenken lässt – beispielsweise ein Fenster. Dann bewegt man den Spiegel aus dem Handgelenk heraus so, dass das Licht über das Fenster hinweggleiten und hin- und herpendeln kann. So kann man die Nachricht morsen.

▸ Im Gefängnis nutzen Gefangene oft die Heizungsrohre als Morseleitungen, denn Eisen und Kupfer leiten den Schall sehr gut. Über die Heizungsanlage verbreiten Klopfsignale jede Neuigkeit in Windeseile. Für einen guten Detektiv sollte es kein Problem sein, Morsesignale zu klopfen. Ideale Schalltransporteure sind die bereits erwähnten Heizungsrohre, aber auch Fensterscheiben, Türen und Wände. Am besten verständlich sind die einzelnen Klopfsignale, wenn man mit einem Metallgegenstand klopft.

▸ „Graf Yoster gibt sich die Ehre" war eine beliebte Fernsehserie, die von 1967–1977 im Deutschen und Französischen Fernsehen lief und ab und zu wiederholt wird. In einer Folge setzt Graf Yoster folgenden Trick ein, um seinem Chauffeur Johann eine geheime Nachricht zu übermitteln:
Er ist zwar in der Gewalt von Gangstern, darf Johann jedoch anrufen, allerdings nur, um ihm zu sagen, dass alles in Ordnung sei. Das macht der Graf auch und spricht artig den Text, den die Gangster ihm vorgeschrieben haben. Mit dem Fingernagel des rechten Zeigefingers klopft er jedoch eine Morsenachricht auf die Sprechmuschel. Johann ist natürlich klar, dass er auf die Klopfzeichen achten muss und nicht auf das, was Graf Yoster sagt. Morsen am Tele-

Peters Tipp

Eines darfst du auf keinen Fall vergessen, nämlich das Erkennungszeichen. Bevor du an deinen Partner eine wichtige Nachricht durch Morsezeichen übermittelst, musst du sicher sein, dass er auch tatsächlich der Empfänger der Nachricht ist. Vereinbare also ein geheimes Erkennungssignal, mit dem eure Morsenachrichten beginnen. Fehlt das Signal am Anfang der Nachricht, weiß jeder, dass etwas nicht stimmt.

„Mit Schirm, Charme und Melone“ ist eine englische Fernsehserie, von der zwischen 1961 und 1969 genau 161 Folgen gedreht wurden. Inzwischen wurde die alte Kultserie mit Uma Thurman und Ralph Fiennes in den Hauptrollen neu verfilmt.

a · —
ä · — · —
b — · · ·
c · — · — ·
d — · ·
e ·
f · · — ·
g — — ·
h · · · ·
i · ·
j · — — —
k — · —
l · — · ·
m — —
n — ·
o — — —
ö — — — ·
p · — — ·
q — — · —
r · — ·
s · · ·
t —
u · · —
ü · · — —
v · · · —
w · — —
x — · · —
y — · — —
z — — · ·
Punkt · — · — · —
Komma — — · · — —
Fragezeichen · · — — ·

fon – ein Trick, mit dem niemand rechnet.

▸ In der 60er Jahren war die Serie „Mit Schirm, Charme und Melone“ sehr beliebt. In einer Folge hat Emma Peel zunächst keine Möglichkeit, ihren Partner John Steed unauffällig vor einer Gefahr zu warnen. Dann besinnt sie sich auf das Morsealphabet und pfeift die Warnung. Alle anderen glauben natürlich, es handle sich um ein harmloses Liedchen. Der Trick hat funktioniert. Übe also auch das Pfeifen von Morsenachrichten.

Rätselhafte Botschaften

Oft stoßen wir im Alltag auf unterschiedliche Nachrichten, die wir nur teilweise oder gar nicht verstehen. In der Zeitung lesen wir eine Abkürzung, die wir nicht kennen. Eine Straßenbahn fährt los, obwohl die Ampel für die Autos rot ist, denn sie hat ein eigenes Signal.
Ein Bauarbeiter weist einen Kranführer ein, wie und wo er ein Bauteil absetzen soll, doch wir können mit den Handzeichen und Rufen nicht viel anfangen.
An Bord eines Segelschiffs werden Kommandos gegeben wie beispielsweise Luv und Lee für Links und Rechts, die nur die Seeleute verstehen.
Wer seine Umwelt genau beobachtet, wird feststellen, dass in vielen Bereichen unseres Alltags Botschaften ausgetauscht werden, die nur bestimmte Menschen verstehen. Für andere bleibt der Inhalt dieser Botschaften rätselhaft. Hört z. B. jemand, der sich nicht mit der Wirtschaft und den Börsenkursen auskennt, im Radio, der DAX sei um acht Punkte gefallen, kann er mit dieser Information nicht besonders viel anfangen.
Diese Art von Rätselbotschaften, deren Lösung nur bestimmte Menschen kennen, können sich natürlich auch Detektive zunutze machen:

- In unserer Sprache wimmelt es von Abkürzungen: SMS, VHS, DVD, DGzRS, SARS, PVC, USB, etc. – wer weiß schon immer, was sie bedeuten. Und täglich kommen neue Abkürzungen hinzu, die schon bald in aller Munde sind. Eine hervorragende Tarnung für geheime Botschaften. Erfinde einfach für wichtige Namen und Orte Abkürzungen, mit denen niemand etwas anfangen kann.

Eure Zentrale könnte DEZ heißen (Detektiv-Einsatz-Zentrale), eure Schule SZN (Schulzentrum-Neustadt), der Marktplatz OZN (Ortszentrum-Neustadt) oder der Rektor eurer Schule DVN (Darth-Vader-Neustadt). Die

DAX ist die Abkürzung für den „Deutschen Aktien-Index“, in dem die wichtigsten Aktiengesellschaften zusammengefasst sind. Kenner des Aktienhandels können anhand des Punktestands beim DAX sehen, wie sich die Wirtschaft entwickelt.

Möglichkeiten, Abkürzungen zu erfinden, sind jedenfalls unbegrenzt.

▸ Dass Indianer Tierlaute nachahmen, um geheime Botschaften unauffällig auszutauschen, ist allgemein bekannt. Doch wer rechnet schon damit, dass dies auch Detektive tun? Nur die Bedeutung der Tiergeräusche muss natürlich abgesprochen sein. Ein Miauen könnte z. B. Gefahr bedeuten. Wir, die drei ???®, haben als geheimes Zeichen den Ruf eines Vogels vereinbart – des Fliegenschnäppers. In vielen brenzligen Situationen konnten wir uns so schnell verständigen und Hilfe holen. Doch zuerst einmal müsst ihr die Tierlaute üben, damit sie sich halbwegs echt anhören.

▸ Geheimagenten verständigen sich oft durch kleine, harmlos wirkende Handlungen – die aber eine geheime Botschaft enthalten. Lässt ein Agent etwa beim Versuch, sich eine Zigarette anzuzünden, seine Streichholzschachtel fallen, bedeutet das: „Sprich mich nicht an, ich werde beschattet!“ Kniet er sich nieder, um sich den Schuh zuzubinden, heißt dies: „Folge mir unauffällig!“ Was die Profis können, sollte auch für euch kein Problem sein. Überlegt euch einfach geeignete kleine Aktionen, denen ihr eine Bedeutung gebt. Da kommt so schnell keiner dahinter!

Justus' Tipp

Die einfachsten Mittel sind oft die besten – und die, die immer zur Verfügung stehen. Gesichtsausdruck und Handbewegungen gehören dazu. Kratze dich hinterm Ohr. Dein Partner weiß jetzt, dass die Aussage, die jemand gerade gemacht hat, gelogen war. Niese, und dein Partner weiß, dass ihr sofort verschwinden müsst. Deiner Fantasie sind keine Grenzen gesetzt, eigene Signale zu erfinden. Wichtig ist nur, dass die Bedeutung unmissverständlich abgesprochen wurde. Sonst reicht ein unbedachtes Augenzwinkern aus, und dein Partner stürzt sich auf einen unbeteiligten Passanten.

Das Fingeralphabet

Es gibt sehr viele Gründe für Menschen, mit Armen, Händen und Fingern zu reden. Sieh dir z. B. einmal ganz bewusst jene Börsennachrichten im Fernsehen an, die direkt von einer Börse übertragen werden. Du wirst viele Mitarbeiter sehen, die sich durch Handzeichen mit ihren Partnern verständigen. Das ist auch sinnvoll, da es in der Börse oft so laut ist, dass eine andere Verständigung gar nicht möglich wäre. Also signalisieren Börsenmitarbeiter ihren Partnern per Handzeichen, welche Aktien sie kaufen und verkaufen sollen.
Auch Taucher können sich unter Wasser nur mit Handzeichen verständigen.
Schiedsrichter verlassen sich lieber auf Handzeichen, als auf gesprochene Worte. Diese werden nicht nur von Spielern aller Nationen verstanden, sondern auch vom Publikum. Zusätzlich kann er auch noch seine Pfeife einsetzen. Beim Fußball stehen den Linienrichtern Fahnen und dem Schiedsrichter die gelbe und die rote Karte zur Verfügung.

Menschen, die taub bzw. taubstumm sind, verständigen sich untereinander mit der Gebärden- oder Gehörlosensprache. Diese Sprache ist kein minderwertiger Ersatz für die gesprochene Sprache, sondern eine international anerkannte Sprache. Gestik und Mimik ersetzen dabei das gesprochene Wort. Geht es darum, Fremdwörter oder Namen mitzuteilen, wird das Fingeralphabet ein-

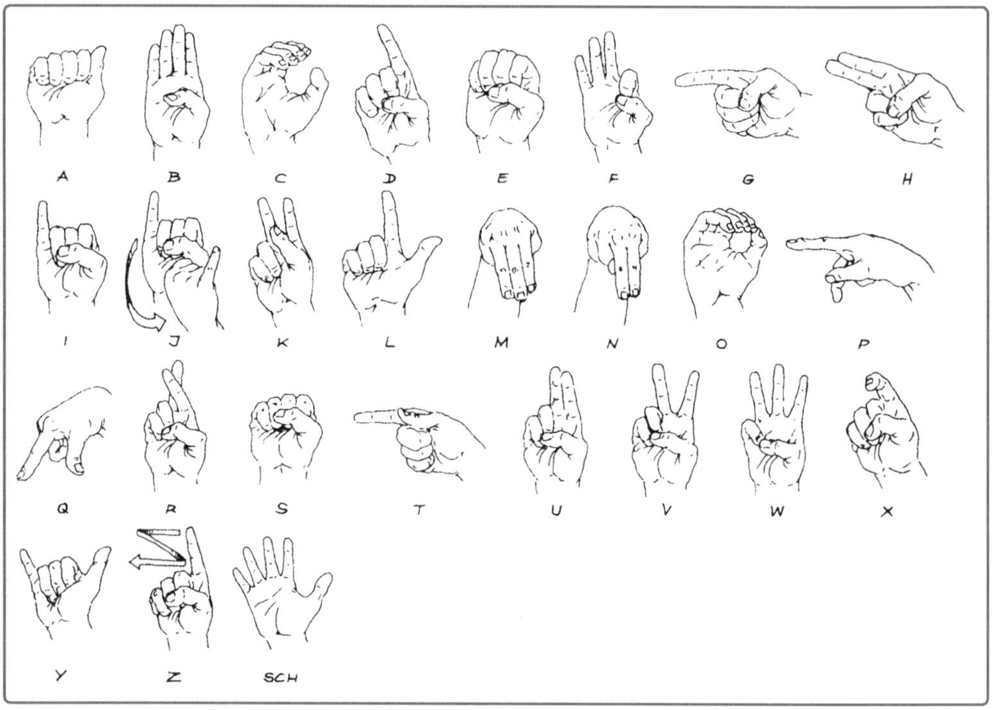

gesetzt. Für dieses Alphabet braucht man nur eine Hand, mit der man alle Buchstaben wiedergeben kann. Auch für Hörende ist es nicht schwer, diese Fingersymbole zu erlernen. Ein Detektiv sollte sie unbedingt beherrschen, weil er sich so mit Gehörlosen verständigen kann.

Bobs Tipp

Das Fingeralphabet zu beherrschen, ist eine feine Sache. Doch sollte man dabei nicht vergessen, dass auch andere sie verstehen. Man kann also belauscht, genauer gesagt, beobachtet werden. Für die Detektivarbeit kann es daher von großem Nutzen sein, seine eigene Fingersprache zu entwickeln. So kann euch niemand auf die Finger schauen. Wenn dir keine eigenen Zeichen einfallen, verwende einfach die Zeichen aus dem Fingeralphabet, aber mit einer anderen Buchstabenbedeutung.

Flaggensignale

Wenn sich Schiffe auf dem offenen Meer begegnen, haben die Mannschaften verschiedene Möglichkeiten, sich zu verständigen. Normalerweise geschieht das durch Funkmeldungen. Doch wenn beispielsweise die Funkanlage ausgefallen ist, wird einfach auf Signalflaggen zurückgegriffen. Um sich damit zu verständigen, braucht man natürlich den entsprechenden Satz Flaggen und muss den Code verstehen. Dieser befindet sich im Internationalen Signalbuch unter dem Stichwort Signalflaggen. Damit kann man Nachrichten übermitteln, wobei für jeden Buchstaben eine Flagge steht.

Dem Fahnenschwenker wird die Nachricht mit einzelnen Buchstaben „diktiert". Für jeden Buchstaben wird ein Wort aus der internationalen Buchstabiertabelle verwendet. Statt D sagt man also Delta, was der Fahnenschwenker auch bei Sturm und Seegang deutlich versteht:

Die Schiffe der Marine verständigen sich normalerweise per Funk. Doch dabei besteht auch immer die Gefahr, dass ein Feind den Funkverkehr abhören oder die Position der Schiffe anhand der Funksignale ermitteln könnte. Entweder verständigen sich die Schiffe mithilfe besonderer Morselampen, oder sie setzen das alte Semaphore-Flaggenalphabet ein. Bei diesem Alphabet kommen lediglich zwei Flaggen zum Einsatz, eine weiße und eine blaue, die vom Signalmaat in festgelegten Positionen gehalten werden.

Jede Position entspricht dabei einem Buchstaben. Mithören ist bei diesen Flaggensignalen nicht möglich.

Peters Tipp

Natürlich kann es für einen Detektiv sehr wichtig sein, diese beiden Flaggenalphabete zu kennen, erst recht, wenn er an der Küste lebt oder mit Seeleuten zu tun hat. Sie selbst einzusetzen, ist jedoch sehr schwierig und umständlich. Es kann jedoch von Nutzen sein, ein eigenes Flaggenalphabet zu erfinden, wobei eine Flagge nicht für einen Buchstaben, sondern für ein Wort oder eine Nachricht steht. Eine rote Flagge kann „Gefahr" bedeuten. Hat man sie dabei, kann man sie in einen Baum hängen und einen Partner warnen. Eine blaue Flagge könnte „Ich brauche Hilfe!" bedeuten.

Geheim-schriften

Die Liste der Spionage- und Kriminalfälle, in denen Geheimschriften eine Schlüsselrolle spielen, ist endlos. Ob bei den alten Griechen, Julius Caesar oder im Fall der berühmten Chiffriermaschine Enigma – Geheimschriften veränderten den Lauf der Geschichte. Daher ist es für einen richtigen Detektiv unerlässlich, die wichtigsten Methoden der Kryptografie zu kennen.

Das Geheimnis der Schrift

Mesopotamien (griechisch: „Land zwischen den Strömen“) wird die Landschaft zwischen den Flüssen Euphrat und Tigris genannt, die im heutigen Irak liegt. Vor 6000 Jahren gründeten dort die Sumerer ein großes Reich und schufen die Keilschrift, die lange Zeit als erste Schrift galt. Später folgten Babylonier, Assyrer und Perser.

Die Sumerer sind ein sehr altes Kulturvolk, das zwischen 3000 v. Chr. und 1950 v. Chr. über Mesopotamien herrschte.
Die Phönizier sind ebenfalls ein altes Kulturvolk, das zwischen 2000 v. Chr. und 700 v. Chr. über Phönizien (griechisch: „Purpurland“) herrschte, das den heutigen Staaten Israel und Libanon entspricht.

Bei den Geheimsprachen haben wir zunächst einen Blick auf die Sprache selbst geworfen. Bei den Geheimschriften werden wir ähnlich verfahren und uns zunächst mit der Geschichte der Schrift befassen. Denn nur wer weiß, was Schrift überhaupt ist und wie sie funktioniert, kann auch mit Geheimschriften umgehen und sie richtig einsetzen.
Bevor der Mensch die Buchstaben erfand, hat er Bilder gemalt, die wir noch heute in vielen Höhlen bewundern können. Die bekanntesten Höhlenbilder befinden sich in Spanien (Altamira) und in Frankreich (Lascaux).
Sie sind in der Steinzeit vor mehr als 10.000 Jahren entstanden. Manche dieser Bilder sind bis zu 60.000 Jahre alt. Sie zeigen vor allem Tiere, die von den Menschen gejagt wurden. Man malte diese Bilder nicht, um die Höhlen zu verschönern, son-

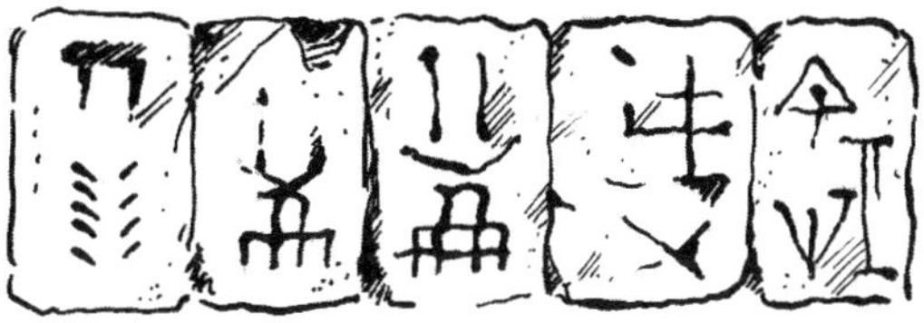

dern um sich auf die Jagd einzustimmen. Manche dieser Höhlenbilder waren wie eine Art Kalender für die Menschen, die zeigten, wann bestimmte Tiere erfolgreich gejagt werden konnten.
Bevor der Mensch in der Lage war, solche Bilder zu malen, konnte er sein Wissen nur mündlich weitergeben. Wenn ein Mensch starb, ging ein großer Teil seines Wissens und seiner Erfahrungen verloren. Dank der Technik des Bildermalens war es jedoch möglich, bestimmte Erfahrungen über Generationen hinweg weiterzugeben. Wissen konnte nun, in begrenztem Umfang, weitergegeben und vermittelt werden. Höhlenbilder sind also eine sehr frühe Form der Mnemotechnik.
Aus den Bildern auf Höhlenwänden, Waffen und Tongefäßen sind im Laufe der Zeit die ersten Bilderschriften entstanden. Bilder wurden kleiner, zeigten nicht mehr jedes Detail und wurden auf eine vereinfachte Form reduziert. So wurde beispielsweise nicht mehr der ganze Hirsch gezeichnet, sondern stattdessen nur noch ein kleines Geweih. Für jeden Gegenstand musste ein eigenes, einfaches kleines Bild erfunden werden, das als Symbol für diesen Gegenstand diente. Daher benötigen Bilderschriften sehr viele Zeichen. Die erste bislang bekannte Schrift wurde vor rund 7300 Jahren von Menschen entwickelt, die zur Vinča-Kultur im Balkan gehörten. Diese Schrift beherrschten nur wenige Priester und sie diente in erster Linie der Erstellung religiöser Schriften. Vor 6000 Jahren wurden auch in Mesopotamien erste Schriftzeichen entwickelt. Die sumerische Keilschrift mit rund 2000 Zeichen entstand vor rund 5500 Jahren. Die Ägypter schufen ihre berühmten Hieroglyphen vor rund 5000 Jahren.
Lesen und Schreiben konnten diese Schriften nur wenige Privilegierte, nämlich

Als die Griechen die alten Schriftzeichen der Ägypter sahen, nannten sie diese „Hieroglyphen“, was so viel wie „heilige Schriftzeichen“ bedeutet. Entwickelt wurden die Hieroglyphen etwa 3000 v. Chr. Anfangs waren die Zeichen eine Bilderschrift, wurden aber zur Silbenschrift und zur phonetischen Schrift weiterentwickelt.

**Mnemotechnik ist die Kunst, das Gedächtnis durch Hilfsmittel zu unterstützen.
Das Wort stammt aus dem Griechischen und geht zurück auf Mnemosyne, die Göttin des Gedächtnisses.**

Die kulturelle Fähigkeit, lesen und schreiben zu können, nennen Sprachwissenschaftler „Literalität“. Können nur wenige Mitglieder einer Gesellschaft lesen und schreiben, spricht man von „Oligo-Literalität“, können es jedoch fast alle, spricht man von „allgemeiner Literalität“.

Herrscher, Priester, Gelehrte und Staatsbeamte.
Vor rund 4000 Jahren entwickelten die Phönizier die Konsonantenschrift. Bei dieser Schrift symbolisierten die Schriftzeichen nicht mehr Gegenstände und Handlungen, sondern Silben und Laute. Aus der phönizischen Schrift haben die Griechen vor rund 2800 Jahren die erste vollständig phonetische Schrift entwickelt. Aus vielen Schriftzeichen wurden wenige Buchstaben, die nur noch Symbole für einzelne Laute darstellten. Eine solche Schrift nennt man im Gegensatz zur Bilderschrift „phonetische Schrift“. Sie benötigt wesentlich weniger Zeichen. Mit nur 20–30 Buchstaben kann nahezu jedes beliebige Wort geschrieben werden. Das hat den großen Vorteil, dass diese Schrift schnell erlernt werden konnte. Auch unsere lateinische Schrift, die vor rund 2700 Jahren in Italien erfunden wurde, ist eine phonetische Schrift. Sie besteht nur aus 26 Buchstaben.
Da bei unserer Schrift die Buchstaben für Laute stehen, ist sie seit über 2000 Jahren unverändert, obwohl es heute viele Gegenstände gibt, die es damals nicht gab. Hätten wir eine Bilderschrift, bräuchten wir für jeden neuen Gegenstand ein neues Zeichen.
Dank der phonetischen Schrift setzte sich die allgemeine Literalität in Europa durch und so können heute viel mehr Menschen schreiben als im alten Ägypten. Wenn fast jeder lesen und schreiben kann, ist das eine tolle Sache. Doch für Menschen, die geheime Nachrichten übermitteln wollen, kann das große Nachteile haben. Denn jeder, der in den Besitz der geschriebenen Botschaft gelangt, kann sie lesen. Daher begannen die Menschen bereits sehr früh, nach Möglichkeiten zu suchen, geheime Botschaften zu verschlüsseln, damit sie von der Zielperson verstanden wurden.
Es entstand mit der Schrift auch die Geheimschrift, die Kryptografie (Griechisch: kryptikós = verborgen, geheim; gráphein = schreiben). Seither sind unzählige Geheimschriften und Methoden, geheime Nachrichten zu verstecken und zu verschlüsseln, entwickelt worden. Einige von ihnen, die auch für die Detektivarbeit von Nutzen sind, werden wir uns nun näher ansehen.

Technische Steganografie

Die einfachste Möglichkeit, eine Nachricht geheim zu halten, ist natürlich, sie zu verstecken. Das wussten auch schon die alten Griechen: Im Jahr 480 v. Chr. plante der Perserkönig Xerxes, Griechenland mit einer großen Flotte anzugreifen. Doch ein Grieche, der in Persien lebte, erfuhr von diesem Plan und wollte seine Landsleute warnen. Damals war es üblich, Nachrichten und Briefe auf gewachste Holztafeln zu ritzen. Der Grieche entfernte das Wachs von einer Holztafel und ritzte seine Warnung direkt auf das Holz. Anschließend überzog er die Tafel wieder mit Wachs. Dann schickte er sie von Persien nach Griechenland. An der Grenze wurden zwar alle Nachrichten kontrolliert, doch eine unbeschriebene Wachstafel erregte keinen Verdacht. So gelangte die Warnung unbemerkt nach Griechenland. Als Xerxes schließlich mit seiner Flotte vor Athen auftauchte, waren die Griechen vorbereitet und besiegten die Perser in einer gewaltigen Seeschlacht.

Die Griechen hatten noch eine andere Methode, um Nachrichten zu verstecken. Sie rasierten einem Boten den Kopf und schrieben mit einer Art wasserfester Tinte die Botschaft auf die Kopfhaut. Die Tinte hielt lange genug auf der Kopfhaut, um nach einer zweiten Rasur noch lesbar zu sein. Wenn

die Haare wieder ein Stück gewachsen waren, schickten sie den Boten los. Obwohl er von Kopf bis Fuß untersucht wurde, blieb die Botschaft sicher unter seinen Haaren verborgen. Als er schließlich sein Ziel erreicht hatte, wurden ihm die Haare wieder abrasiert, und man konnte die Nachricht lesen.

TECHNISCHE UND LINGUISTISCHE STENOGRAFIE

In China schrieb man geheime Nachrichten auf kleine

Seidenstücke, die in Wachs getaucht und von einem Boten verschluckt werden mussten. Auch solche Boten wurden vergeblich durchsucht, denn die Botschaft wanderte unverdaut durch ihren Magen und wurde nach ihrer Ankunft wieder ausgeschieden.

Im mittelalterlichen Italien schrieb man mit einer Mischung aus Alaun und Essig eine Nachricht auf ein Ei. Dort blieb die Nachricht unsichtbar. Um sie später lesen zu können, musste man das Ei erst kochen und schälen. Auf dem nun harten Eiweiß zeichnete sich jetzt die geheime Botschaft ab.

Seither sind unzählige Möglichkeiten und Verstecke erdacht worden, um geheime Botschaften zu verbergen. Auch im Computerzeitalter ist das Verstecken von Botschaften in Grafiken und Textdateien sehr beliebt.

Das Verbergen geheimer Botschaften nennt man Steganografie (Griechisch: steganos = bedeckt; gráphein = schreiben), wobei man zwischen zwei Arten unterscheidet: der technischen und der linguistischen Steganografie. Bei der technischen Steganografie werden die Nachrichten in geheimen Verstecken verborgen, bei der linguistischen Steganografie in den Texten selbst. Hier sind einige Beispiele aus der technischen Steganografie, die für die Detektivarbeit genutzt werden können. Beispiele aus der linguistischen Steganografie folgen im nächsten Kapitel.

▸ Jeder Kaugummistreifen steckt in einer außen glänzenden Papierfolie und in einer bedruckten Papierhülle. Schreibe deine Geheimbotschaft auf die Innenseite der glänzenden Papierfolie, falte sie, als wäre der Kaugummistreifen noch darin, und schiebe die Folie zurück in die Papierhülle. Diese steckst du wiederum in eine geöffnete Kaugummipackung. Nun brauchst du nur noch deinem Detektiv-Freund einen Kaugummi anzubieten, und schon ist die geheime Botschaft übermittelt.

▸ Schreibe deinem Freund einen harmlosen Brief. Die eigentliche Nachricht, also deine Geheimbotschaft, schreibst du klein auf die rechte obere Ecke des Briefumschlags und klebst die Briefmarke darüber. Sollte der Brief in die falschen Hände gelangen (Brüder und Schwestern können sehr neugierig sein), kann niemand etwas mit dem harmlosen Brief anfangen. Dein Freund jedoch weiß, wo er die wichtige Information findet.

▸ Früher haben Spione geheime Botschaften auch gerne in den hohlen Absätzen ihrer Schuhe versteckt. Diese Methode hatte jedoch den entscheidenden Nachteil, dass die Botschaft kurz vor der Übergabe aus dem Absatz geholt werden musste. Der Spion hätte sehr viel Aufsehen erregt, wenn er seinen ganzen Schuh übergeben hätte. Es ist also viel schlauer, Gegenstände als Versteck zu wählen, die man unauffällig übergeben kann. Ideal ist z. B. ein Kugelschreiber, in dem man leicht einen kleinen Zettel verstecken kann. Komplizierter, aber noch besser ist ein Bleistift. Wähle einen aus, bei dem sich die Mine durch vorsichtiges Klopfen leicht aus dem Schaft entfernen lässt. Ziehe die Mine heraus und breche ein Stück von der Spitze und vom Ende ab. Schiebe die Spitze zurück in den Stift. Schreibe deine Geheimbotschaft auf ein möglichst kleines Stück Papier, das sich gut aufrollen lässt. Schiebe das Papier vorsichtig in den Hohlraum für die Mine. Anschließend steckst du das abgebrochene Endstück

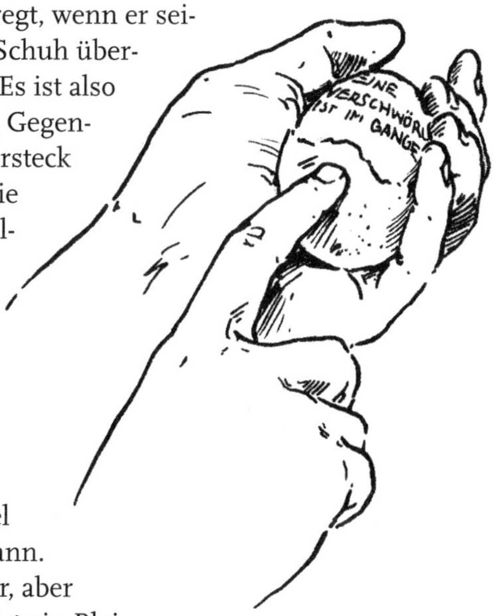

als Deckel in die Öffnung. Der Bleistift sieht nun wieder wie ein ganz normaler Bleistift aus. Gibst du ihn einem Freund, erregt dies bestimmt keinen Verdacht.

▸ Auch in einem Word-Dokument kannst du eine geheime Botschaft schnell und einfach verstecken. Schreibe zunächst einen harmlosen Brief, den du deinem Detektiv-Freund als Anhang einer E-Mail schicken willst. Lösche im Text an einer Stelle deiner Wahl einen Wortzwischenraum (Leerzeichen). Schreibe nun die geheime Nachricht, die nur einige Worte lang sein darf, in diesen nicht mehr vorhandenen Zwischenraum, also zwischen die zusammengerückten End- und Anfangsbuchstaben zweier Wörter. Markiere die geheime Nachricht mit der Maus und gehe im Menü Format auf Zeichen. Dort klickst du die Registerkarte Zeichenabstand an. Bei Skalieren ersetzt du den Wert 100 % durch den Wert 1 % und klickst OK. Deine geheime Nachricht wird zu einem dicken Strich, den du markierst, falls er nicht noch markiert ist. Dann wählst du im Menü unter Schriftfarbe (rechts oben, der Pfeil neben dem A) Weiß. Die geheime Botschaft ist verschwunden, die beiden Wörter aber haben wieder einen Wortzwischenraum – der keiner ist. Um diese Nachricht zu finden, muss dein Freund bloß den ganzen Text markieren (im Menü unter Bearbeiten), als Schriftfarbe Schwarz wählen und im Feld Skalieren 100 % einsetzen (du findest es im Menü Format unter Zeichen und dann unter Abstand). Klickt er auf OK, ist der geheime Text wieder lesbar. Wer diesen Trick nicht kennt, hat allerdings nur einen harmlosen Brief vor sich.

Justus' Tipp

Raffinierte Verstecke für geheime Botschaften gibt es sehr viele, man muss nur darauf kommen. Der beste Tipp ist daher, sich eigene Verstecke zu suchen, die wirklich keiner kennt. Das Bonbonpapier, das du achtlos wegwirfst, das Lesezeichen in einem Buch, die alte Kinokarte, das Comicheft oder das Booklet einer CD – wenn du willst, kann alles eine geheime Botschaft enthalten.

Linguistische Steganografie

Eine geheime Botschaft kann man auch ohne Versteck verbergen. Dies ist in den Fällen nötig, in denen keine geeigneten Verstecke zur Verfügung stehen und trotzdem niemand ahnen soll, dass man eine geheime Botschaft übermitteln will. Man versteckt die Nachricht einfach in einem harmlosen Text.
Diese Methode der Steganografie wird „linguistische Steganografie" genannt, da sie mit den Mitteln der Sprache, lateinisch „lingua", arbeitet.
Ein schönes Beispiel wird in der Erzählung „Die Gloria Scott" von Arthur Conan Doyle beschrieben, in der Sherlock Holmes einen wirklich schwierigen Fall zu lösen hat.
Die Antwort auf alle Fragen ist ein mysteriöser Brief, dessen Inhalt auf den ersten Blick belanglos scheint: „Das versprochene Wind-Spiel für Sie ist wie vereinbart aus London eingetroffen. Hudson, der Hundeführer, hat, meinen wir, alles Nötige dazu gesagt bekommen. Es laufen hier Bemühungen, Sie zu veranlassen, um jeden Preis Ihr erfolgreiches Züchter-Leben aufzugeben."
Nach reiflicher Überlegung findet Sherlock Holmes die Lösung: Angefangen mit dem ersten Wort des Textes ist nur jedes dritte Wort des Briefes von Bedeutung. Liest man nur diese Wörter, ergibt sich folgender Text: „Das Spiel ist aus. Hudson hat alles gesagt. Laufen Sie um Ihr Leben." Um diese geheime Botschaft auf Anhieb verstehen zu können, muss der Empfänger natürlich eingeweiht sein.
Bei der linguistischen Steganografie werden also geheime Botschaften in Texten verborgen, die keinen Verdacht erregen. Auf diese Weise werden auch heute noch Nachrichten aus Gefängnissen geschmuggelt, um Komplizen zu warnen oder Tipps zu geben. Doch ist diese Methode nur eine von vielen Möglichkeiten der linguistischen Steganografie:

Sherlock Holmes, der berühmteste Detektiv der Welt, wurde von dem englischen Arzt und Schriftsteller Sir Arthur Conan Doyle (1859–1930) erfunden. Er und sein treuer Freund Dr. Watson lösen gemeinsam viele spannende Kriminalfälle. Die Bücher sollte jeder Detektiv kennen.

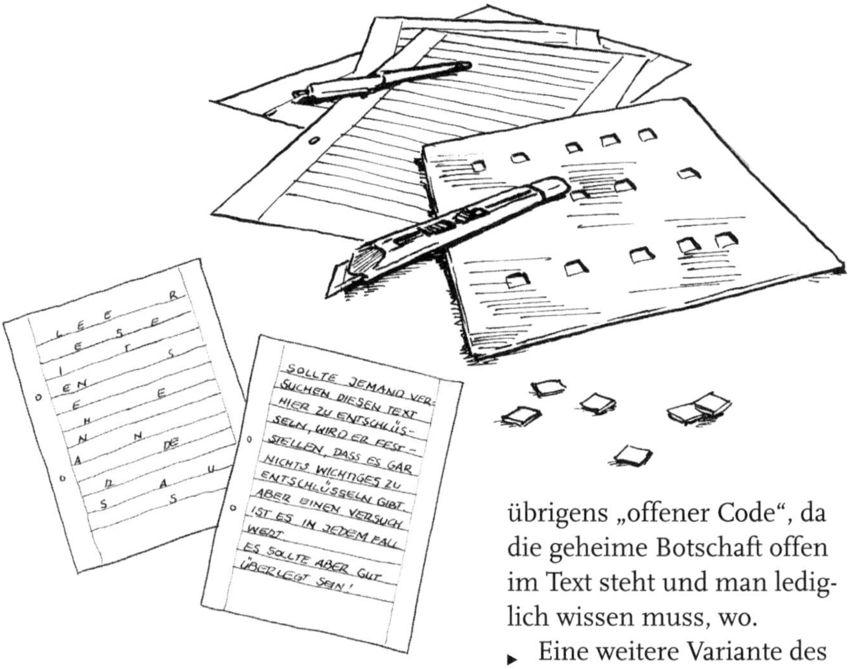

▸ Um einen Text wie in Arthur Conan Doyles Erzählung zu erhalten, musst du zunächst deine geheime Botschaft formulieren. Nun musst du die Zwischenräume mit Wörtern füllen, die das Ergebnis unverfänglich aussehen lassen. Dabei musst du dich keineswegs an die Vorgabe der Erzählung halten, sondern kannst selbst festlegen, ob jedes dritte, vierte oder fünfte Wort zur Geheimbotschaft gehören soll. Wichtig ist nur, dass auch der Empfänger weiß, wie der Text zu lesen ist. Diese Form der linguistischen Steganografie nennt man übrigens „offener Code", da die geheime Botschaft offen im Text steht und man lediglich wissen muss, wo.

▸ Eine weitere Variante des offenen Codes arbeitet nicht mit Wörtern, sondern mit Buchstaben. „Ulla muss nach Erlangen und Nürnberg, Brigitte eigentlich in die Innenstadt, eine tolle, empfehlenswerte Richtung." Ein harmloser Satz, der seine wahre Botschaft erst preisgibt, wenn man nur die Anfangsbuchstaben der Wörter liest: „Um neun bei Dieter." Natürlich kannst du dich auch für den letzten, den zweiten oder den dritten Buchstaben entscheiden. Besonders schwer zu knacken ist ein offener Code, der sich auf eine Zahlenreihe stützt, z.B. der erste, dritte, fünfte, siebte usw. Buchstabe eines Satzes. Oder du beginnst mit dieser Zählung am Satzende. Die Möglichkeiten sind faktisch unbegrenzt.

- Noch raffinierter wird es mit der Rastermethode, bei der du und dein Partner zunächst zwei gleiche Schablonen aus Karton anfertigen müsst. Dieser Karton hat die Größe eines DIN-A4-Blattes und wird mit rechteckigen Löchern versehen, in die ein Buchstabe hineinpasst. Legst du diese Schablone auf ein Blatt Papier, kannst du in die Löcher – Buchstabe für Buchstabe – deine Botschaft schreiben. Anschließend legst du die Schablone beiseite und verfasst einen harmlosen Text um die bereits vorhandenen Buchstaben herum. Keine leichte Aufgabe, aber mit etwas Übung kaum noch ein Problem. Dein Partner legt dann, wenn er den Text entschlüsseln will, nur noch seine Schablone auf den Text und kann deine Nachricht lesen.

Weit verbreitet sind auch so genannte Semagramme, bei denen ebenfalls ein ganz belangloser Text die Grundlage bildet. Allerdings werden die Buchstaben, die eine Geheimbotschaft darstellen, leicht verändert. Diese Buchstaben können z.B. ein kleines Stück unter die Linie rutschen, etwas dicker geschrieben sein, ein kleines, kaum wahrnehmbares Häkchen haben oder schräger als die anderen Buchstaben stehen. Wer weiß, auf welche Besonderheiten er achten muss, erkennt die Buchstaben und kann sie zu der geheimen Botschaft zusammensetzen. Für jeden anderen sieht dein Text völlig normal aus. Zu den Semagrammen zählen auch Bilder, die geheime Botschaften enthalten (Siehe Seite 58).

Bobs Tipp

Bei den offenen Codes darf natürlich die „falsche Spur“ nicht vergessen werden, die bei den Spionen im Zweiten Weltkrieg sehr beliebt war. Du schreibst einen Brief, der einige verdächtige Hinweise enthält. Die eigentliche Geheimbotschaft versteckst du im Absender oder der Anschrift. Fängt jemand diesen Brief ab, wird er sich auf den Text des Briefs stürzen und den Umschlag achtlos zur Seite legen. Auch kannst du auf einer Diskette interessante Dateien speichern, die eigentlich wichtige Botschaft aber auf dem Etikett der Diskette hinterlassen, verborgen in ein paar harmlos klingenden Wörtern. Gelangt jemand in den Besitz dieser Diskette, wird er die Dateien durchsuchen, um ihr Geheimnis zu erfahren. Damit ist er lange beschäftigt und vergisst das Label, das mit der Diskette im Laufwerk seines Computers steckt.

Unsichtbare Tinte

Alaun, chem. Kalium-Aluminiumsulfat $(KAL(SO_4)_2 \times 12\ H_2O)$, ist ein weißes Salz, das als Heilmittel zur Stillung von Blutungen und zum Färben von Leder eingesetzt wird.

Ein weiterer Klassiker der Steganografie ist die unsichtbare Tinte, zu der auch die bereits erwähnte Alaun-Essig-Tinte gehört, mit der man Eier beschreiben kann. Da jedoch das Geheimnis unsichtbarer Tinte vielen bekannt ist, sind zusätzliche Tricks erforderlich, um sie für gute Detektivarbeit tauglich zu machen. Mit dem Ei geht es los:

- Besorge dir aus der Apotheke ein Tütchen Alaun und mische 15 Gramm davon mit einem Viertel Liter Haushaltsessig. Mit dieser Mischung schreibst du deine geheime Botschaft auf ein rohes Ei. Als Schreibgerät eignet sich eine richtige (saubere!) Schreibfeder, ein Zahnstocher oder ein Streichholz. Jetzt musst du das Ei kochen. Sobald du die Schale entfernt hast, ist auf dem Eiweiß die Nachricht zu lesen. Falls du ein „präpariertes" Ei einsetzt, musst du darauf achten, dass der Empfänger das Ei bekommt, ohne dass ein anderer Verdacht schöpft. Bringe einfach jeden Tag ein Frühstücksei mit zur Schule. Da fällt es nicht weiter auf, wenn du ab und zu das Ei verschenkst.
- Die unsichtbarste Geheimtinte ist gar keine. Um mit ihr zu schreiben, braucht man einen ganz normalen Kugelschreiber. Und trotzdem ist die Schrift unsichtbar. Wie das möglich ist? Ganz einfach: Du brauchst drei Blatt Papier, von denen du eines in eine

Schüssel mit Wasser tauchst und gleich wieder herausziehst. Lasse es ein wenig abtropfen und lege es vorsichtig auf ein trockenes Blatt. Das zweite trockene Blatt legst du auf das nasse. Nun schreibe deine Geheimbotschaft mit dem Kuli auf dieses obere Blatt. Bist du fertig, entferne die beiden trockenen Blätter und lasse das nasse Blatt trocknen. Schon bald sieht es wieder so wie ein unbeschriebenes, weißes Stück Papier aus. Erst wenn du es wieder ins Wasser tauchst, wird die Schrift sichtbar.

- Als unsichtbare Tinte können auch verschiedene Säfte von Früchten eingesetzt werden. Besonders gut eignen sich Zitronensaft, Grapefruitsaft, Orangensaft, Zwiebelsaft oder weißer Essig. Milch kann auch verwendet werden.

Am besten presst du die Fruchtsäfte selbst und lässt sie einmal durch einen Kaffeefilter laufen, damit der Saft klar wird. Zum Schreiben brauchst du eine Schreibfeder mit Federhalter (keinen Füller). Wenn die Geheimtinte trocknet, wird sie dabei unsichtbar. Um die Botschaft lesen zu können, muss der Empfänger das Papier erwärmen. Er kann es auf die Heizung legen, unter eine starke Glühbirne halten, vorsichtig mit dem Bügeleisen plätten oder mit einem Fön behandeln. Eine Kerzenflamme ist zu gefährlich, denn das Papier könnte Feuer fangen und die Nachricht verloren gehen. Zitronensaft wird übrigens nach dem Erwärmen braun, Zwiebelsaft schwarz und Essig rötlich.

Peters Tipp

Jeder, der ein mit unsichtbarer Tinte beschriebenes, weißes Blatt abfängt, wird sofort versuchen, die Schrift lesbar zu machen. Wenn jemand ein offenbar leeres Blatt an einen Freund weiterreicht, ist die Wahrscheinlichkeit groß, dass es sich um eine geheime Botschaft handelt. Da hilft nur eins: Dieser Verdacht darf gar nicht erst entstehen. Benutze also einen harmlos erscheinenden Brief und schreibe die geheime Botschaft mit unsichtbarer Tinte zwischen die Zeilen. Der Zeilenabstand sollte dann natürlich etwas größer sein. Oder du schreibst die geheime Botschaft auf den Umschlag. Dort wird niemand so schnell vermuten, dass die eigentlich wichtige Nachricht unsichtbar ist, sondern versuchen, in dem sichtbaren, aber unwichtigen Text einen Code zu finden. Auf diese Weise kann unsichtbare Tinte immer noch sehr gut eingesetzt werden. Ist die geheime Botschaft dann auch noch verschlüsselt, hat ein möglicher Spion kaum eine Chance.

Vexierbilder und andere Semagramme

Leonardo da Vinci (1452–1519) war ein berühmter italienischer Maler, Bildhauer, Baumeister und Naturforscher. Sein bekanntestes Bild ist die „Mona Lisa", die im Louvre in Paris zu sehen ist. Er hat jedoch auch viele Maschinen erdacht, darunter auch Pläne für erste Fluggeräte.

Geheime Botschaften kann man nicht nur in Texten, sondern auch in Bildern verstecken. Die ersten, die diese Möglichkeit erkannten, waren Künstler, wie z.B. Leonardo da Vinci.
Da Vinci kam auf die Idee, Objekte völlig verzerrt zu zeichnen, so dass sie nicht mehr zu erkennen sind. Erst wenn man das Bild schräg hält und aus einer ganz bestimmten Perspektive betrachtet, kann man die Aussage des Bildes verstehen. Berühmt ist auch das Gemälde „Die Gesandten" von Hans Holdbein d.J. (1497–1543), das auf den ersten Blick ein ganz normales Bild zu sein scheint. Bei genauerer Betrachtung entdeckt man jedoch auf dem Boden vor den beiden abgebildeten Gesandten einen merkwürdigen Gegenstand. Auch hier muss man eine ganz bestimmte Position einnehmen und das Gemälde schräg von unten betrachten, um zu sehen, dass dieser Gegenstand ein Totenschädel ist.
Spione und Agenten haben sich diese und ähnliche Gemälde zum Vorbild genommen, denn sie zeigen, dass auch Bilder als Versteck für geheime Nachrichten dienen können. Wichtig dabei ist, dass diese Bilder ganz gewöhnlich aussehen und deshalb keinerlei Verdacht erregen.
Während des Ersten Welt-

In diesem Bild ist eine Nachricht versteckt. Erkennst Du sie? **(Auflösung auf S. 125)**

kriegs war es unter Agenten sehr beliebt, Federzeichnungen von Landschaften oder Städten zu verkaufen oder zu verschenken. Diese Bilder enthüllen oft so genannte Semagramme. So bildeten z. B. kurze und lange Grashalme, die auf dem Bild zu sehen waren, einen Morsecode.
Eine andere Möglichkeit sind Vexierbilder. Dabei handelt es sich um Bilder, in denen ein Gegenstand versteckt ist, z.B. ein Gesicht. Agenten haben oft Landkarten in ihren Zeichnungen versteckt und so Stellungen und Aufmarschpläne des Feindes außer Landes geschmuggelt.
Hier sind ein paar Tricks, die auch Detektive nutzen können:

- Zeichne ein bedeutungslos erscheinendes Bild, in dem kurze und lange Striche einen Morsecode bilden. Dazu musst du keineswegs gut zeichnen können oder viel Zeit in eine aufwendige Zeichnung investieren. Strichmännchen genügen, deren Finger mal kurz und mal lang sind. Nur dein Partner ist eingeweiht und kann

Ein Semagramm (griechisch: sema = Zeichen, grámma = Geschriebenes) ist ein Bild, ein Foto oder eine Zeichnung, die eine geheime Botschaft enthält, welche auf den ersten Blick nicht zu erkennen ist.

die Nachricht lesen. Sehr gut eignen sich auch abstrakte Bilder, die nur aus Farben und Formen bestehen. In ihnen lässt sich besonders leicht ein Morsecode unterbringen.

▸ Bei einer Karte, die ein Versteck oder einen geheimen Ort zeigt, verteilst du die Zeichnung einfach auf zwei Blätter, die übereinander gelegt und gegen das Licht gehalten werden müssen, um die Zeichnung als Ganzes erkennen zu können. Übergebe die beiden Hälften, die alleine wertlos sind, getrennt. Dieser einfache, aber wirkungsvolle Trick funktioniert auch mit Großbuchstaben, die du in einzelne, scheinbar sinnlose Striche zerlegst. Erst wenn die beiden Blätter übereinander gelegt werden, ergänzen sich diese Striche zu Buchstaben und der geheimen Botschaft. Auch diese Blätter müssen natürlich getrennt voneinander übergeben werden.

▸ Das Verstecken von Buchstaben, Wörtern oder Morsecodes funktioniert auch auf Fotos. Markierte Zaunlatten, Kreidestriche, veränderte Schriften auf Plakaten, mit einem Stift verlängerte Fugen im Mauerwerk oder entsprechend umgeknickte Schilfhalme oder Zweige können dazu dienen, geheime Botschaften zu übermitteln. Niemand wird sie auf einem Landschaftsfoto für verdächtig halten.

Justus' Tipp

Mit Fotos kannst du noch sehr viel mehr machen, deiner Fantasie sind wirklich keine Grenzen gesetzt. Du kannst z.B. die Nachricht auf mehrere Fotos verteilen: Jedes Foto kann, irgendwo im Bild versteckt, ein anderes Wort oder Morsezeichen enthalten. Erst in der richtigen Reihenfolge aneinander gelegt, ergeben sie einen Sinn. Vor allem, wenn du einen digitalen Fotoapparat hast, kannst du diese Art der Semagramme nutzen. Auch Vexierbilder kannst du sehr leicht selbst herstellen. So kannst du z.B. eine Pinnwand fotografieren, auf der unter anderem ein Foto zu sehen ist. Auf diesem Foto könnte dann beispielsweise ein geheimer Treffpunkt zu sehen sein, den der uneingeweihte Betrachter übersehen wird.

Bettler- und Gaunerzinken

Im 16. Jahrhundert setzten umherziehende Räuberbanden erstmals besondere Zeichen ein, um anderen Räubern Nachrichten zu hinterlassen. Diese Zeichen wurden „Zinken" genannt. Das Wort stammt aus dem Rotwelschen (Siehe Seite 20) und bedeutet „geheimes Zeichen". Uneingeweihte konnten diese Zeichen nicht deuten, sofern sie sie überhaupt entdeckten. Denn die Zinken wurden an unauffälligen Stellen, z.B. an Zaunlatten, Mauern oder Türstöcken angebracht. Ein Verzeichnis aus dieser Zeit listet mehr als 340 Zeichen auf.

Die Räuberbanden des 16. Jahrhunderts lösten sich irgendwann auf, doch die von ihnen erfundenen Zinken wurden weiterhin benutzt, und zwar von Bettlern, Hausierern und kleinen Gaunern. Ihnen reichten rund 100 verschiedene Zinken aus, um geheime Botschaften zu hinterlassen. Mit Kreide wurden sie an Wände geschrieben oder mit einem spitzen Gegenstand ins Mauerwerk oder Holz gekratzt, möglichst klein und unauffällig natürlich. Deshalb wurden sie von den Bewohnern oder Hausbesitzern meist übersehen. Andere Bettler oder Gauner wussten aber, wo sie die Zinken suchen mussten. Später waren auch die Toiletten von Wirtshäusern oder Bahnhöfen sehr beliebt, um Zinken zu hinterlassen.

WOFÜR GIBT ES ZINKEN?

Doch welchen Zweck hatten die Zinken? Zum einen hatten die verschiedenen Gaunerbanden oder umherziehenden Hausiererfamilien besondere Erkennungszeichen. Andere Hausierer konnten also anhand eines solchen Zinken erfahren, wer vor ihnen ein Haus aufgesucht hatte. Zum anderen gab es Zinken, die Auskunft über den weiteren Weg gaben. Man wusste somit, wer wohin unterwegs war.

Außerdem hinterließen Bettler und Gauner bestimmte

Zinken, mit denen sie ihre Erfahrungen mitteilten. Ihre Berufskollegen konnten auf einen Blick sehen, wer in einem Haus wohnte, wann er zu Hause war, und ob sich hier das Betteln oder gar ein Einbruch lohnen würde. Die Zinken wurden im Laufe der Zeit kleiner und auch an Briefkästen, Türschlössern und Klingelknöpfen hinterlassen. Hier sind einige wichtige Zinken, die bis zum Zweiten Weltkrieg weit verbreitet waren:

Heute sind diese alten Zin-

Hier wohnt eine allein stehende Person. 

Kein Mann im Haus. 

Vorsicht, hier nicht vorsprechen! 

Ein Kranker bekommt hier etwas. 

Hier ist ein Nachtlager zu bekommen.	
Zudringlichkeit lohnt sich.	
Hier wohnen alte Leute.	
Hier wohnen leichtgläubige Frauen.	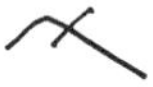
Mann im Haus.	
Kost nur gegen Arbeit.	
Hier lohnt sich ein Diebstahl.	
Bissiger Hund.	
Hier bekommt man etwas!	
Hier ist Arbeit zu bekommen.	
Achtung, große Gefahr!	
Hier wohnt ein Polizist!	

ken kaum noch in Gebrauch, weil es nur noch wenige echte Hausierer und Bettler gibt. Dennoch sind die Zinken nicht verschwunden, denn heutzutage haben Kriminelle den Wert derartiger Geheimzeichen erkannt. Vor allem Wohnungseinbrecher und so genannte Drücker, die für Zeitschriften werben, hinterlassen neuerdings wieder Zinken. An Fernlastzügen, die wegen ihrer wertvollen Fracht gestohlen wurden, hat die Polizei später ebenfalls besondere Zinken entdeckt, die internationale Banden verwenden. Kundschafter spionieren Laster aus und kennzeichnen sie, damit sie von Komplizen an Parkplätzen und Tankstellen erkannt werden können. Gaunerzinken sind also auch im 21. Jahrhundert aktuell.
Hier sind einige moderne Zinken:

Bissiger Hund.	
Hier gibt es Geld.	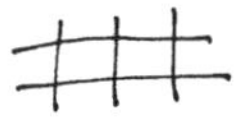
Hier gibt es nichts.	
Hier gibt es etwas.	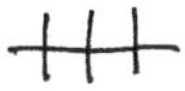
Hier muss man sich fromm stellen.	

Drücker nennt man Menschen, die von Haus zu Haus gehen und um Spenden für Organisationen bitten oder Zeitschriften-Abonnements verkaufen. Sehr oft ist dabei Betrug im Spiel. Oft ist die Organisation, für die gesammelt wird, nicht gemeinnützig, sondern ein Privatunternehmen oder eine Sekte. Auch kommt es immer wieder vor, dass junge Menschen von kriminellen Banden gezwungen werden, für sehr wenig Geld als Drücker zu arbeiten. Oft werden mehrere Drücker in einem Ort abgesetzt. In diesem Fall spricht man von einer Drückerkolonne.

Bobs Tipp

Bei den Zinken ist also nach wie vor Vorsicht geboten. In jüngster Zeit bittet die Polizei sogar darum, Zinken zu melden, falls man sie irgendwo entdeckt. Sie könnten auf ein geplantes Verbrechen hinweisen. Verwende sie also selbst auf keinen Fall. Kennen solltest du die modernen Zinken jedoch unbedingt, um gegebenenfalls deine Eltern oder Nachbarn darauf aufmerksam machen zu können.

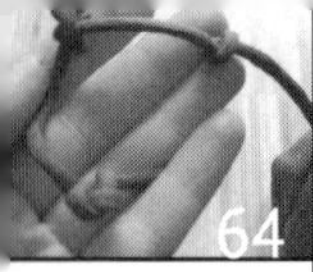

Geheimzeichen für Detektive

Obwohl Detektive die Zinken nicht einsetzen dürfen, benötigen sie eigene Zeichen, um Wege oder Hauseingänge zu markieren. Hier kann man z.B. auf die geheimen Zeichen zurückgreifen, die Indianer und Pfadfinder entwickelt haben. Richtig eingesetzt und für die Detektivarbeit leicht verändert, sind sie eine wertvolle Hilfe, auf die kein guter Detektiv verzichten sollte.

Selbstverständlich muss die Bedeutung dieser Zeichen geheim bleiben, damit nur euer Detektivclub sie versteht. Entwickelt also einen eigenen Code, den sonst niemand versteht.

WEGEZEICHEN

▸ Auf Straßen hat sich Straßenkreide sehr bewährt. Du kannst sie fast überall kaufen. Sie wird von vielen Kindern für Schnitzeljagden und Hüpfspiele verwendet. Daher ist sie auch unauffällig, denn wer weiß schon, dass dein kleines Kreuz eine wichtige Nachricht für deinen Partner ist. Ein Stück Straßenkreide sollte also unbedingt zu deiner Ausrüstung gehören. Da es sie in verschiedenen Farben gibt, kann man übrigens auch den Farben eine Bedeutung zuweisen. Rot könnte z. B. „Gefahr!“ bedeuten, Grün wiederum „Bleibe auf diesem Weg!“.

▸ Bei Wald- oder Feldwegen kannst du Zeichen mit kleinen Zweigen hinterlassen, die du auf besondere Weise geknickt oder übereinander gelegt hast. Für einen Unbeteiligten müssen diese Zeichen natürlich wie zufällig am Wegesrand liegende Zweige aussehen. Nur dein Partner weiß, wo er diese Zeichen findet und was sie bedeuten. Indianer haben früher einen Knoten in ein Grasbüschel gemacht, dessen Spitze in die Richtung wies, in die sie gegangen sind. Diese Hinweise werden sehr leicht übersehen und können deshalb gut eingesetzt werden.

- Sind keine Zweige vorhanden, verwende einfach ein paar Steine, um daraus verabredete Zeichen zu legen. Auch in diesem Fall sollten sie einerseits unauffällig sein, andererseits muss dein Partner sie finden können.
- In jedem Schreibwarenhandel kann man kleine Blöcke mit selbstklebenden Notizzetteln kaufen. Es gibt sie in verschiedenen Farben und Größen. Ideal ist die Passfotogröße, da man einen Block in diesem Format gut in der Hosentasche verstauen kann. Ein weiterer Vorteil ist, dass sich diese Notizaufkleber jederzeit wieder leicht

entfernen lassen. Du kannst beispielsweise auch mit verschiedenen Farben arbeiten. Ein roter Aufkleber könnte dann eine Warnung sein. Klebt er an einer Tür oder einem Briefkasten, heißt das z.B., dass du dieses Haus auf keinen Fall betreten solltest. Findest du hingegen einen grünen Aufkleber vor, musst du sogar durch diese Tür, denn dein Partner hat diesen Weg auch gewählt. Darauf zu achten, dass fremde Türen nicht beschädigt werden, versteht sich dabei für einen guten Detektiv von selbst.

▸ Natürlich kannst du auf diesen Notizaufklebern auch geschriebene Nachrichten hinterlassen. Allerdings musst du darauf achten, dass sie sonst niemand versteht. Am besten platzierst du sie an unauffälligen Stellen, so dass dein Zettel nicht jedem ahnungslosen Spaziergänger ins Auge springt. Beispielsweise unter einem Briefkasten, hinter einer Zaunlatte, unter der Fußmatte oder unter dem Handlauf eines Geländers. Diese markanten Stellen müssen natürlich mit deinem Partner abgesprochen sein.

▸ Auf die gleiche Weise kannst du auch Hauseingänge und Flure markieren. Wähle ebenfalls abgesprochene und verborgene Stellen für deine Botschaften.

▸ Hast du gerade keine Aufkleber zur Verfügung, setze vorsichtig deine Straßenkreide ein und hinterlasse damit kleine und unauffällige Zeichen. Hast du keine Kreide zur Hand, verwende schmale Papierstreifen und klemme sie irgendwo ein, z. B. hinter einen Briefkasten, in eine Fuge oder unter einen Läufer.

Peters Tipp

Eine andere Möglichkeit besteht darin, dass jeder Detektiv eine Kreide in einer anderen Farbe benutzt. Wenn einer von uns drei ??? eine Markierung anbringt, wissen die beiden anderen sofort, wer es war, ohne dass der Name dabeisteht. Justus benutzt nämlich weiße Kreide, ich blaue und Bob rote.

Runen und Hieroglyphen

Neben Archäologen und Sprachwissenschaftlern gibt es auch Experten, die sich speziell mit Geheimschriften befassen. Die so genannten Kryptologen beschäftigen sich vor allem mit dem Entschlüsseln alter Geheimschriften. Archäologen und Kryptologen arbeiten oft gemeinsam an der Entschlüsselung sehr alter Schriften. Es ist schon mehrfach vorgekommen, dass die Schriftzeichen untergegangener Kulturen als Geheimschrift eingesetzt worden sind. Der Grund dafür ist einfach, denn derartige Schriftzeichen können nur von sehr wenigen Menschen gelesen werden. Im Prinzip verhält es sich mit diesen alten Schriften wie mit der Hopi-Sprache, die in Kapitel 2 beschrieben wird.
Die meisten alten Schriften sind heute zwar längst entziffert und somit bekannt, aber dennoch eignen sie sich gut als Geheimschriften. Denn wer hat schon, wenn er auf eine Nachricht in Runenschrift oder Hieroglyphen stößt, das passende Wörterbuch dabei?

▸ Die Runenschrift ist wahrscheinlich vor rund 2300 Jahren in den Alpen entstanden und hat sich dann in großen Teilen Nordeuropas verbreitet. Die rund 3000 der über 5000 bekannten Inschriften stammen aus

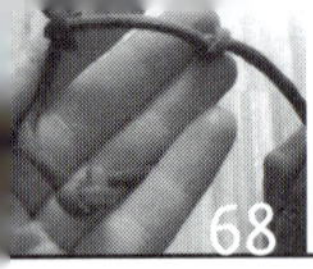

Schweden. Runen wurden ausschließlich für religiöse oder kultische Zwecke eingesetzt. Nur wenige Priester konnten sie schreiben und deuten. Zwar kann man heu- – a – r – k). Jeder Buchstabe hat einen Namen, der von magisch-religiöser Bedeutung ist. Futhark ist schnell zu erlernen und eignet sich gut als Geheimschrift:

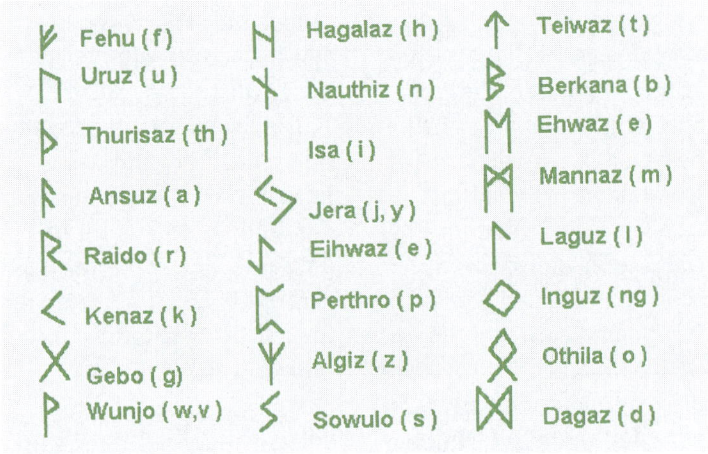

te die noch erhaltenen Texte ohne Mühe lesen, doch ihr eigentlicher Sinn ist in vielen Fällen unbekannt.

Das bekannteste Runenalphabet ist das Futhark-Alphabet, benannt nach den ersten sechs Buchstaben (f – u – th

▸ Ebenfalls gut geeignet sind die ägyptischen Hieroglyphen, die vor rund 5000 Jahren entstanden. Das griechische Wort „hieroglyphica" bedeutet „heiliges Schnitzwerk", denn die Hieroglyphen dienten ebenfalls ur-

Peters Tipp

Natürlich kommt es nicht darauf an, Runen und Hieroglyphen so zu nutzen wie Germanen und Ägypter es taten, sondern die Schriftzeichen einfach anstelle unserer Buchstaben zu verwenden. Wenn du beide Alphabete lernst, kannst du damit nicht nur geheime Botschaften schreiben, sondern auch mitreden, wenn du ein Museum besuchst oder von Germanen und Pharaonen die Rede ist.

sprünglich religiösen Zwecken. Doch im Laufe der Zeit wurden sie auch in anderen Bereichen des alltäglichen Lebens eingesetzt. Die Pharaonen nutzten sie, um auf Säulen und Wänden von ihrem Leben und ihren Taten zu berichten. Entstanden sind die Schriftzeichen aus Bildern und Symbolen und haben sich zu einer mehr oder weniger phonetischen Schrift entwickelt. Bis auf einige Ausnahmen gleichen sie also unseren Buchstaben, die für Laute stehen. Im Jahr 1824 wurden sie von dem Franzosen Jean-François Champollion entziffert:

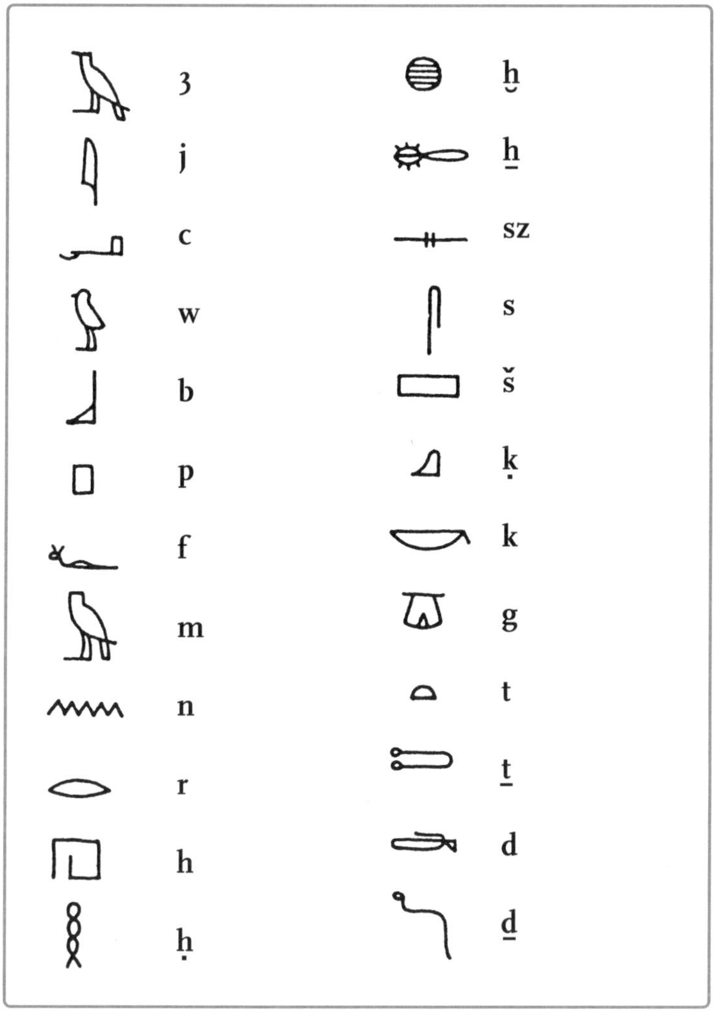

Knotenschriften

Das Wort „Quipu“ stammt aus der von den Inkas gesprochenen Quetschua-Sprache und bedeutet schlicht und einfach „Knoten“.
Das Inkareich lag übrigens im heutigen Peru (Südamerika).

Wer geheime Botschaften übermitteln oder hinterlassen will, kann noch auf weitere, heute vergessene Schriften zurückgreifen. Besonders interessant für Detektive sind die früher von vielen Völkern benutzten Knotenschriften. Am bekanntesten ist Quipu, die Knotenschrift der Inkas, die vor der Eroberung des Inkareichs durch die Spanier im 16. Jahrhundert weit verbreitet war. Soweit man heute weiß, dienten bestimmte Knoten in so genannten Knotenschnüren dazu, Zahlen festzuhalten. Ob Geburten, Erntemengen oder Steuern – alle größeren Datenmengen und ihre Bedeutung für das Inkareich wurden mithilfe der Knotenschrift festgehalten. Zuständig für die richtige Schreibweise war ein „quipucamayoc“ (Wächter der Knoten), der allein die Knotenschrift lesen konnte. Da es nur wenige quipucamayocs gab, die die Knotenschrift beherrschten, war auch sie so etwas wie eine Geheimschrift.

Aus China und Japan sind Knotenschriften ebenfalls bekannt. Eine besondere Form hat sich bis ins 20. Jahrhundert hinein sogar in Deutschland erhalten, nämlich die Müllerknoten. Lieferte ein Müller einen Sack Mehl zum Bäcker, so verschloss er den Sack mit einer Sackschnur, in die er bestimmte Knoten knüpfte. Es wurden sieben verschiedene Knoten für das Gewicht und fünf verschiedene Schleifen und Zöpfe für die Mehlsorte verwendet. Der

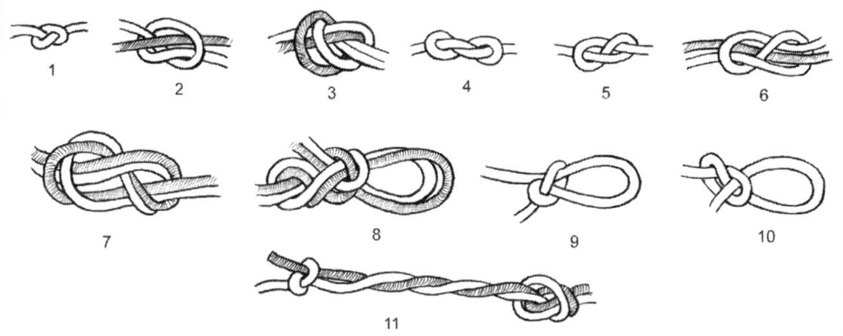

Bäcker braucht sich also nur die Schnur anzusehen um zu wissen, wie viel Roggen- oder Weizenmehl er vom Müller erhalten hatte. Die Knoten dienten also der Informationsübermittlung. Und genau das macht sie für Detektive interessant.

▸ Die besonderen Knoten der Inkas oder Müller kannst du natürlich nicht übernehmen, dafür aber einen eigenen Knoten-Code entwickeln. Entweder arbeitest du mit einfachen Knoten, wobei die Anzahl der Knoten für eine bestimmte Botschaft steht (1 Knoten = Gefahr, 2 Knoten = keine Gefahr, alles okay, 3 Knoten = folge mir usw.) Oder aber du wählst verschiedene Knoten wie den Kreuzknoten oder den Pahlsteek.

▸ Da Schnüre zum Alltag gehören (Schnürsenkel, Kordeln an der Kleidung, an Taschen und Beuteln, Paketschnüre etc.), gibt es viele Möglichkeiten, deinem Partner eine geheime Botschaft zu hinterlassen.

▸ Schneide dir ein paar Schnüre von ca. 20 cm Länge zurecht, die sich an jeder Zaunlatte, jedem Zweig, jedem Fahrradlenker oder jedem Straßenschild befestigen lassen. Bringst du sie unauffällig an, wird niemand in dem Stück alter Schnur mit dem dicken Knoten eine Geheimbotschaft vermuten.

Müllerknoten:
1) Einfacher Knoten = 1 Mäßel
2) gleicher Knoten mit durchgezogener Schnur = 2 Mäßel
3) Mit doppelter Schnur gebunden = ebenfalls 2 Mäßel
4) 1/2 Sester = 5 Mäßel
5) 1 Sester = 10 Mäßel
6) 1-Sester-Knoten mit doppelter oder eingezogener Schnur = 2 Sester
7) besonderer Knoten für 6 Sester
Damals entsprach ein Mäßel oder ein Maß etwa 1,5 Litern.

Bobs Tipp

Nachrichten in deiner eigenen Knotenschrift sind besonders gut für Outdoor-Aktionen geeignet, denn wer achtet schon auf ein Stück Schnur, das irgendwo an einem Zweig oder einem Zaun hängt. Noch dazu ist eine Schnur ausgesprochen wetterfest, was man von einer geschriebenen Nachricht nicht behaupten kann. Dass du mit deinem Partner genau klären musst, an welchen Orten Knotenbotschaften zu hinterlassen und zu finden sind, versteht sich von selbst.

Die Morsestation

Wie man Morsezeichen als Geheimsprache einsetzt, hast du bereits im ersten Kapitel (Siehe Seite 36) erfahren. Auch als Geheimschrift ist der Morsecode ideal, denn nur sehr wenige können die Morsezeichen lesen. Schreibe einfach deine Nachricht mit Punkten und Strichen. Statt „Karl war es." steht dann auf dem Papier:
–·– ·– ·–· ·–·· ·–– ·– ·–· · ···

Neben der Verwendung des Morsealphabets für geheime Botschaften ist für die Detektivarbeit auch ein eigener Morseapparat von großem Vorteil. Allerdings ist es nicht möglich, ohne weiteres einen Apparat zu bauen, der die Morsesignale selbsttätig aufzeichnet, so wie dies bei vielen alten Morseapparaten der Fall war. Stattdessen musst du die mittels einer

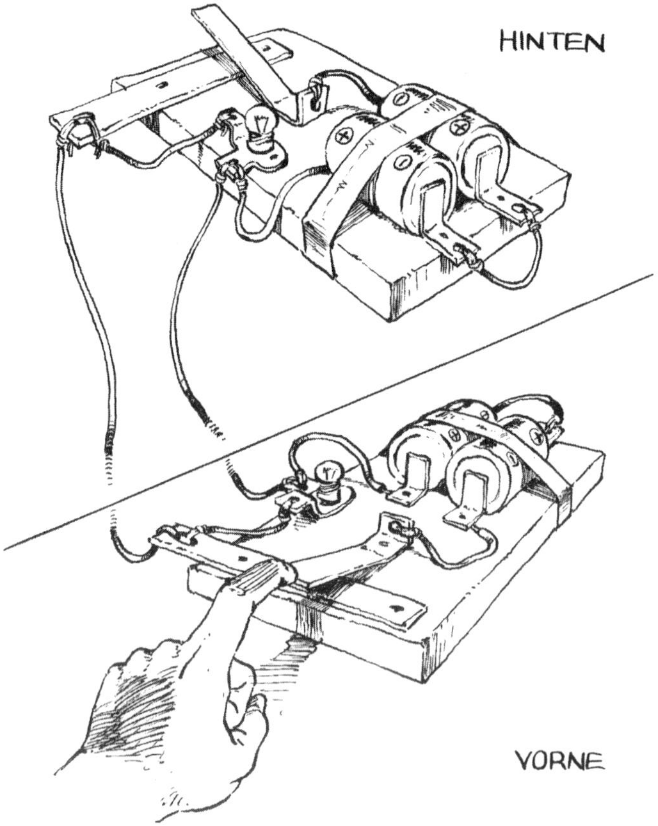

Für den Bau benötigst du:

- zwei Holzbrettchen, etwa 10 cm mal 20 cm groß (z.B. zwei Stücke von einer Profilholzlatte absägen; gibt es in jedem Baumarkt)
- vier 1,5 Volt-Batterien (Mono bzw. Typ D)
- eine leere Konservendose
- mindestens 10 m isolierten Draht (Klingeldraht)
- kleinere Nägel und einen großen Nagel
- zwei Birnchen für Fahrradrücklichter samt Fassungen (gibt es im Fahrradhandel)
- Klebeband
- Hammer, Kombizange
- Säge
- Blechschere (eine Geflügelschere oder entsprechend große Haushaltsschere tut es auch)

Birne angezeigten Signale per Hand notieren. Ein Morseapparat bietet Detektiven dennoch einige entscheidende Vorteile:

- Die Morseverbindung ist unabhängig vom Telefonnetz.
- Der Draht kann verborgen verlegt werden, so dass niemand weiß, dass zwischen zwei Räumen oder Verstecken eine Verbindung besteht.
- Die Morsesignale werden per Lichtzeichen übermittelt, sie sind also völlig lautlos.

Schneide mit der Schere vorsichtig 4 cm lange und 1 cm breite Streifen aus dem Blech der Konservendose und befestige sie mit vier kleinen Nägeln so auf einem Ende des Bretts, dass du die beiden Batterien dazwischen einklemmen kannst. Bevor du die Nägel ganz einschlägst, verbinde die beiden hinteren Blechstreifen mit einem Stück Draht. Mit den vorderen Nägeln warte, bis du die Stationen verdrahtest. Beachte dabei, dass die Batterien nicht gleich ausgerichtet sind, sondern immer ein Plus- neben einem Minuspol liegt. Außerdem dürfen die

Blechstreifen nur die Pole der Batterien berühren. Befestige sie anschließend mit etwas Klebeband.
Etwa in der Mitte des Brettchens befestigst du mit Klebeband oder zwei Nägeln die Fassung mit der Birne. Für die eigentliche Morsetaste musst du nochmals zwei Blechstreifen schneiden, die 7 cm lang und 1 cm breit sind. In das Ende der Streifen schlägst du mit einem großen Nagel jeweils ein Loch. Einen Streifen nagelst du parallel zum Ende des Brettchens an, den anderen im rechten Winkel zum ersten, und zwar so, dass er mit seiner Spitze den ersten berührt, sobald man ihn herunterdrückt. Damit dies funktioniert, muss dieser Streifen, der als Morsetaste dient, vorher leicht nach oben gebogen werden. Sein Ende mit dem Loch muss nach oben gebogen werden, um den Draht anzuschließen. Auf die gleiche Weise wird die zweite Morsestation gebaut.
Nun verdrahtest du sie, so wie es auf der Zeichnung zu sehen ist, und kannst loslegen. Die Drahtenden müssen vorher natürlich von der Isolation befreit werden, damit der Strom fließen kann. Überlege dir genau, wo du die Morsestationen aufstellst, und wo du den Draht verlegst. Wenn du alles wie angegeben gebaut hast, braucht dein Partner nur seine Morsetaste zu drücken, und das Lämpchen deiner Station leuchtet auf – und umgekehrt. Natürlich musst du vorher das Morsealphabet erlernen. Abschalten brauchst du die Station auch nicht, denn wenn keine Taste gedrückt ist, fließt auch kein Strom.

Peters Tipp

Wenn du eine Morsebotschaft erhältst, ist es zunächst einfacher, sie erst einmal als Punkte und Striche zu notieren. So entgeht dir nichts und du vermeidest Fehler beim Erkennen der richtigen Buchstaben. Außerdem ist dann die Botschaft für Uneingeweihte noch immer nicht lesbar. Später kannst du die Morsezeichen dann in Ruhe „übersetzen“.

Die Geheimschrift des Julius Caesar

Wenn Julius Caesar eine wichtige Nachricht an seinen Freund Cicero schrieb, ging der Brief durch viele Hände, bevor er beim Empfänger eintraf. Um den Inhalt dennoch vor Neugierigen geheim zu halten, setzte Caesar einen einfachen Trick ein: Er ersetzte jeden Buchstaben des Alphabets durch einen anderen.
Diese Methode kommt dir zu Recht bekannt vor, denn es handelt sich um eine Form der Substitution, die auf Seite 29 erklärt wird. In diesem Fall werden jedoch nicht ganze Wörter ausgetauscht, sondern Buchstaben. Statt CAESAR schrieb er ECGUCT. Waren Caesars Briefe für uneingeweihte Leser ein nicht zu lösendes Rätsel, konnte sein Freund Cicero sie ohne Mühe lesen, denn er wusste, dass Caeser das Alphabet lediglich um zwei Buchstaben verschoben hatte (A = C, B = D, C = E usw.). Er brauchte also nur jeweils um zwei Buchstaben zurückgehen, und schon war der Text normal lesbar. Diese sehr alte Methode kann auch in der Detektivarbeit eingesetzt werden. Um nicht bei jedem Buchstaben rechnen zu müssen, baust du dir am besten ein Codierrad, mit dem sich verschobene Alphabete leicht einstellen lassen: Kopiere die Vorlage aus dem Buch und klebe sie auf den

Für den Bau benötigst du:

- ein Stück nicht zu dicken Karton
- ein große Briefklammer
- Klebstoff
- Schere

Karton. Schneide die beiden Buchstabenräder aus und steche mit dem spitzen Ende der Schere vorsichtig ein Loch in den Mittelpunkt jeder Scheibe. Lege nun die kleine auf die große Scheibe und verbinde beide Scheiben mit der Briefklammer, die als Achse dient. Fertig ist dein Codierrad. Natür-

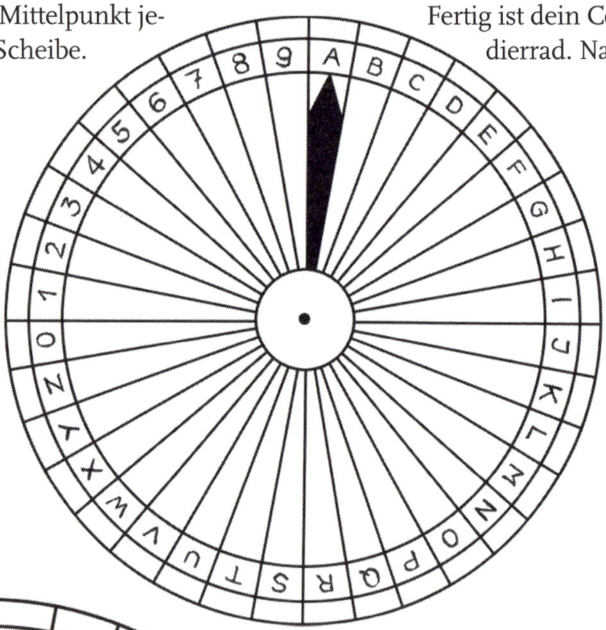

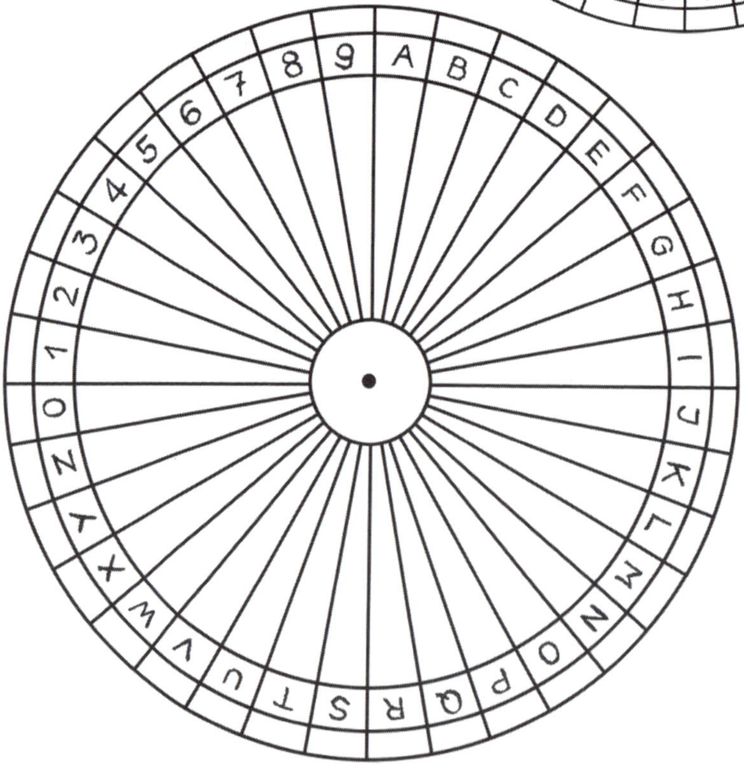

lich benötigt auch dein Partner ein solches Rad.
Willst du ihm eine geheime Botschaft übermitteln, musst du mit ihm vorher einen Codebuchstaben vereinbaren, z.B. das L. Drehe nun die kleine Scheibe so, dass das L unter dem A der großen Scheibe steht. Aus allen Buchstaben der großen werden nun die Buchstaben der kleinen Scheibe. Das L wird also als A verwendet, das R als G, das Z als O usw. Lautet deine Botschaft z.B. TREFFEN UM 8, so wird daraus 42PQQPY5XJ. Und das kann keiner entziffern, es sei denn, er hat ein Codierrad und kennt den Codebuchstaben L.

▸ Neben einem verschobenen Alphabet bieten sich auch Zahlen an, für die du dir ein eigenes Codierrad nach dem hier gezeigten Vorbild basteln kannst. Statt eines zweiten Alphabets auf der kleinen Scheibe trägst du Zahlen in die entsprechenden Kästchen ein. Um die Sicherheit zu erhöhen, verwendest du am besten zweistellige Zahlen deiner Wahl, z.B. A = 38, B = 13, C = 77 etc. Die Botschaft TREFFEN IN ZENTRALE könnte dann so aussehen:
551291272791486348879148
5512381991.
Wenn du Lust hast, kannst du versuchen, die anderen Buchstaben herauszubekommen.

▸ Will man es einem möglichen Spion noch mehr erschweren, die Geheimbotschaft zu entschlüsseln, fügt man einfach an vorher vereinbarten Stellen so genannte Nieten ein, also Buchstaben oder Zahlen, die keine Bedeutung haben. Aus TREFFEN IN ZENTRALE wird nun SAUCHLGKGNHOY UDIY RMFHSYTSQUWLEADH, denn jeder zweite Buchstabe ist eine Niete. Es kann auch jeder dritte oder jeder fünfte sein. Das liegt ganz bei dir.

Die amerikanische Behörde „National Security Agency“, die sich vor allem mit kryptologischen Problemen befasst, hat als Emblem übrigens ein Codierrad.

Justus' Tipp

Mit Nieten kann man auch ohne Codierrad und ohne großen Aufwand schnell eine Nachricht verschlüsseln. Füge einfach hinter jedem Buchstaben eine Niete ein, und aus TREFFEN IN ZENTRALE wird TURIEOFPFAESNF IGNH ZJEKNLTARSADLFE: Diese Methode wird übrigens heute immer noch oft von Straftätern im Gefängnis benutzt, um die Vollzugsbeamten zu täuschen. Doch die kennen diesen Trick inzwischen natürlich auch.

Die Skytale der Spartaner

Neben Athen war Sparta die bedeutendste Stadt im antiken Griechenland. In der um 900 v. Chr. gegründeten Stadt herrschten harte Sitten und militärische Disziplin, so dass die Spartaner von ihren Feinden sehr gefürchtet wurden.

Wenn die Spartaner vor rund 2500 Jahren eine geheime Botschaft übermitteln wollten, haben sie sich nicht der Substitution bedient, sondern der Transposition.
Bei der Transposition werden die Buchstaben nicht ausgetauscht, sondern lediglich in ihre Reihenfolge geändert. Um die Buchstaben zu mischen, verwendeten die Spartaner eine Skytale, einen Holzstab mit einem festgelegten Durchmesser. Um diesen Holzstab wurde ein Gürtel gewickelt, so dass man auf seine Innenseite die Nachricht schreiben konnte, und zwar in gewohnter Schreibrichtung von links nach rechts. Wickelte man anschließend den Gürtel ab, war kein Wort mehr zu lesen, sondern nur noch ein wildes Durcheinander von Buchstaben. Nun wurde ein Bote mit dem Gürtel um seinen Bauch losgeschickt. Der Empfänger brauchte den Gürtel nur um eine Skytale gleicher Größe wickeln und konnte die Botschaft lesen.

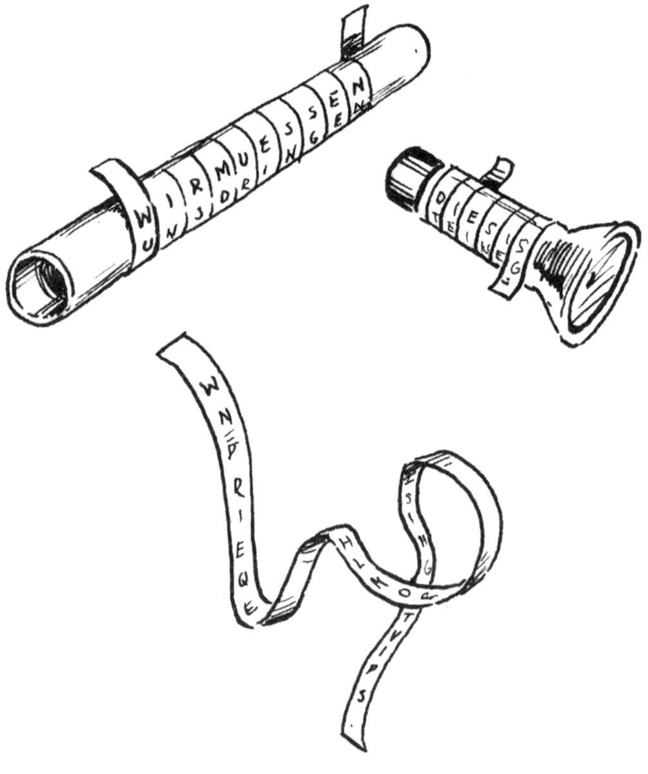

UND SO BAUST DU DIE SKYTALE

Als Stab kann die Papprolle vom Küchenpapier, ein Stück eines Besenstiels, der Griff einer langen Taschenlampe oder eine Kerze dienen. Wichtig ist nur, dass der Empfänger über den gleichen Gegenstand verfügt. Schneide einen ca. 1 cm breiten Papierstreifen von einem DIN-A4-Blatt ab, bei einer längeren Nachricht mehrere Streifen, die aneinander geklebt werden müssen. Wickle diesen Streifen schräg um deine Skytale, befestige die Enden mit einem Stück Klebeband. Nun kannst du deine Nachricht darauf schreiben, ganz normal von links nach rechts. Wieder abgewickelt, kannst du den Streifen aufrollen und versteckt in einem passenden Transportmittel (Siehe Seite 49, Steganografie) übergeben. Um die Nachricht zu lesen, braucht der Empfänger nur die passende Skytale; ein besonderer Ansatzpunkt ist nicht notwenig, die Reihenfolge ergibt sich von selbst.

- Die kleine Skytale: Geübte Detektive können einen gewöhnlichen, sechseckigen Bleistift oder Filzstift als Skytale benutzen. Diese haben den Vorteil, dass sie überall verfügbar sind. Außerdem muss man den Papierstreifen viel schmäler zurechtscheiden. So wird die Botschaft stark verkleinert und lässt sich noch besser verstecken.
- Auch ohne Skytale kann man die Buchstaben einer Nachricht in eine verwirrende Reihenfolge bringen. Sehr wirkungsvoll ist z.B. die Zaunlatten- oder auch Kolonnenmethode, bei der die Nachricht wie auf einer Zaunlatte von oben nach unten und auf der nächsten Zaunlatte von unten nach oben geschrieben wird. Der Schlüssel zum Schreiben und Lesen der Nachricht besteht aus einer Zahl, die die Anzahl der Buchstaben und die der Zaunlatten angibt. Bei der Schlüsselzahl 5 sieht das so aus:

↓		↓		↓
K	E	R	J	U
O	I	M	U	S
M	V	I	Z	T
M	M	T	B	U
E	U	B	O	S
	↑		↑	

Nun schreibst du die waagerechten Zeilen auf ein Stück Papier und hast folgende Geheimbotschaft vor dir: KERJUOIMUSMVIZTMMTBUEUBOS. Ein echter Buchstabensalat, den der Empfänger leicht entschlüsseln kann, wenn er die Zahl 5 kennt. Er braucht die Buchstaben bloß in der richtigen Reihenfolge aufzuschreiben: KOMME UM VIER MIT BOB ZU JUSTUS.

Bobs Tipp

Noch größere Sicherheit bietet auch hier die Vernietung. Wähle eine höhere Schlüsselzahl und füge hinter jedem Buchstaben eine Niete ein. Der Schlüssel lautet dann z.B.: 7N2. Das bedeutet: Schlüsselzahl 7, jeder zweite Buchstabe ist eine Niete. Die komplette Geheimbotschaft lautet also: 7N2

↓						
K	K	V	E	B	P	S
R	M	N	T	R	U	L
O	S	I	W	O	O	T
E	U	S	I	T	J	A
M	M	E	A	B	N	U
G	E	A	M	U	U	E
M	H	R	T	Z	K	S
	↑					

Waagerecht aufgeschrieben, ergibt dies: KROEMGMHEMUSMK VNISEARTMAIWTEBROTBUZKUNJOUPSLTAUES. Eine tolle Nachricht, die für einen Uneingeweihten nicht zu lesen ist.

Geheimschrift à la Jules Verne

Einer der bekanntesten Romane Jules Vernes (1828– 1905) trägt den Titel „Mathias Sandorf".
Erzählt wird die spannende Geschichte eines Freiheitskämpfers, der von seinen Feinden an die Polizei verraten wird, schließlich aber fliehen kann. Möglich wurde der Verrat nur, weil seine Feinde eine Geheimbotschaft an ihn abgefangen und entschlüsselt haben. Dazu benötigten sie eine besondere Schablone, die sie dem Grafen Sandorf stehlen mussten. Sonst hätten sie keine Chance gehabt, die Geheimbotschaft zu entschlüsseln.
Die von Jules Verne beschriebene Schablone besteht aus einem quadratischen Stück Karton mit sechs mal sechs Kästchen. Neun dieser Kästchen sind ausgeschnitten.
Legt man die Schablone auf ein Stück Papier, kann man in diese Kästchen Buchstaben schreiben.
Geschrieben wird von links nach rechts und oben nach unten in der Reihenfolge der freien neun Kästchen.

↑

	K		O		M
				M	
		E			
	U			M	
					V
			I		

Sind die ersten Buchstaben eingetragen, wird die Schablone um 90° im Uhrzeigersinn gedreht. Sie ist so eingerichtet, dass sich dabei die freien Kästchen nicht überschneiden:

→

		E			R
			M		
I					T
		B		O	
	B				U

Trage nun die nächsten neun Buchstaben ein und drehe die Schablone erneut um 90°. Insgesamt hast du also 36 Buchstaben zur Verfügung. Da du nicht immer alle brauchst, trage in die (möglichst wenigen) noch verbleibenden Kästchen einfach ein X ein.

		N			
D					
	J			U	
			S		
	T				
U		S		Z	

↓

U				P	
	E		T		
E					R
		X			
X			X		

←

Die fertige Geheimbotschaft sieht dann so aus:

U	K	N	O	P	M
D	E	E	T	M	R
E	J	E	M	U	R
I	U	X	S	M	T
X	T	B	X	O	V
U	B	S	I	Z	U

Besitzt dein Partner die gleiche Schablone, kann er den Text so entschlüsseln, wie du in verschlüsselt hast. Ohne Schablone hat man jedoch keine Chance. Achte also darauf, dass es dir nicht wie Jules Vernes Helden Mathias Sandorf ergeht.

Auch diese Art der Geheimschrift zählt zur Transposition, bei der lediglich die Reihenfolge der Buchstaben nach einem bestimmten System geändert wird. Die Schablone ist aus einem Stück Karton schnell angefertigt. Schlaue Detektive verzichten darauf und haben die neun Kästchen im Kopf.

Der französische Schriftsteller Jules Verne (1828–1905) gilt als „Vater der Science-Fiction", denn die Abenteuer, die er in seinen Romanen schildert, spielen oft in der Zukunft. Am bekanntesten sind „Zwanzigtausend Meilen unter den Meeren", „Reise um die Erde in 80 Tagen", „Von der Erde zum Mond" und „Reise zum Mittelpunkt der Erde".

Peters Tipp

Für längere Botschaften musst du natürlich eine größere Schablone bauen, die z.B. 49 oder 64 Kästchen enthält. In welche Kästchen dabei geschrieben wird, musst du allerdings selbst herausfinden. Schreibst du in eine größere Schablone einen kurzen Text, trage am Ende drei X ein und danach bedeutungslose Buchstaben, damit das Quadrat gefüllt ist.

Sherlock Holmes und die tanzenden Männchen

Eines Tages zeigt Sherlock Holmes seinem Freund Dr. Watson ein Blatt Papier mit merkwürdigen Zeichnungen. Nach genauerer Betrachtung kommt Dr. Watson zu dem Schluss: „Holmes, das ist eine Kinderzeichnung.“ Der Arzt vermutet dies aus gutem Grund, denn auf den Blättern sind tanzende Strichmännchen zu sehen. Für Dr. Watson ist klar, dass diese Zeichnungen nur von irgendeinem Kind stammen können. Doch Holmes schmunzelt und erklärt Dr. Watson, dass es sich hierbei um eine Geheimschrift handelt.

Eine Geheimschrift, die allerdings nicht sofort als solche erkannt wird, da keine vertauschten Buchstaben oder alte Schriftzeichen verwendet werden. Stattdessen hat der Absender, ein gefährlicher Gangster, aus harmlos erscheinenden Kinderkritzeleien ein Geheimalphabet entwickelt. Und da hinter diesen Zeichnungen niemand eine Geheimschrift vermutet, versucht auch niemand, sie zu entschlüsseln. Der Gangster kann völlig unverdächtig seine Geheimbotschaften in aller Öffentlichkeit an Fensterbänken und Holztoren hinterlassen.
Doch Sherlock Holmes lässt sich nicht täuschen. Ihm fällt auf, dass die Männchen nicht alle verschieden sind, sondern immer wieder die gleichen Männchen auftauchen. Besonders häufig ist ein Männchen, das breitbeinig steht und beide Arme nach oben streckt. Da das E der häufigste Buchstabe in unserer Sprache ist, vermutet er, dass diese Männchen auch das E symbolisieren.
Die Fahne markiert den letzten Buchstaben eines Wortes.
Nach und nach kann der berühmte Detektiv die Geheimschrift entschlüsseln und dem Gangster eine Falle stellen.
Dieses tolle Beispiel zeigt, wie man Steganografie und Sub-

stitution kombinieren kann. Die Geheimbotschaft wird als Kinderkritzelei an Mauern und Hauswänden zwischen anderen Zeichnungen angebracht. Nur Eingeweihte wissen, dass es sich um eine Geheimbotschaft handelt. Und selbst wenn jemand ahnen sollte, dass sich hinter den Zeichnungen eine geheime Botschaft verbergen könnte, wird es ihm schwer fallen, diese zu entschlüsseln.

▸ Ob am Telefon, in der Schule oder auch im Büro – Strichmännchen zeichnet fast jeder. Ein uneingeweihter Betrachter wird also kaum Verdacht schöpfen. Übernehmt entweder den Code der „tanzenden Männchen“ oder weist den Strichmännchen andere Buchstaben zu. So kann selbst jemand, der die Geschichte kennt, den Code nicht allzu leicht knacken.

▸ Nicht nur Strichmännchen eignen sich als geheimes Alphabet. Dies können

Code der „tanzenden Männchen“

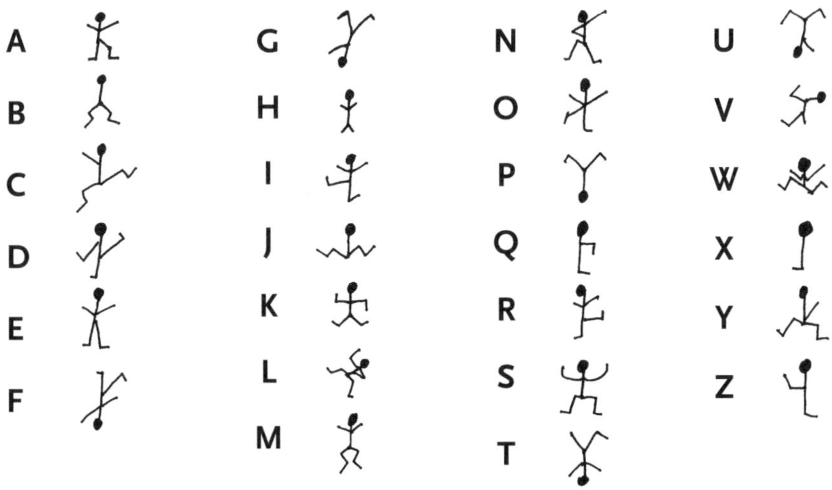

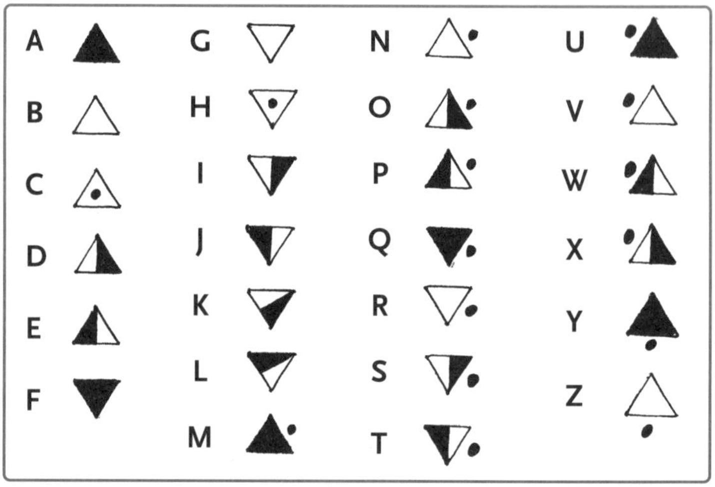

Justus' Tipp

Wichtig bei der Methode „Tanzende Männchen" ist, dass die Zeichen der Geheimschrift der Umgebung angepasst sind, dem Kontext, wie wir Detektive sagen. Im passenden Kontext werden nämlich die Geheimzeichen nicht als solche erkannt. Dreiecke im Matheheft sind beispielsweise unverdächtiger als Strichmännchen oder Autos. Es ist also wieder einmal eure Fantasie gefragt, um für verschiedene Situationen die passenden Zeichen zu entwickeln.

auch abstrakte Figuren wie Sterne, Kreuze oder Dreiecke sein. Du brauchst nur 26 verschiedene Formen, um sie als unauffällige Geheimschrift einsetzen zu können. Dreiecke fallen z.B. in einem Matheheft nicht weiter auf. Wer sollte ahnen, dass die unterschiedlichen Dreiecksformen zu eurer Geheimschrift gehören.

▸ Auch gegenständliche Formen, z.B. Autos, Schiffe oder Luftballons, sind bestens geeignet. Es kommt ganz auf euch an, mit diesen Elementen eine gute Geheimschrift zu entwickeln, die nur sehr schwer zu knacken ist.

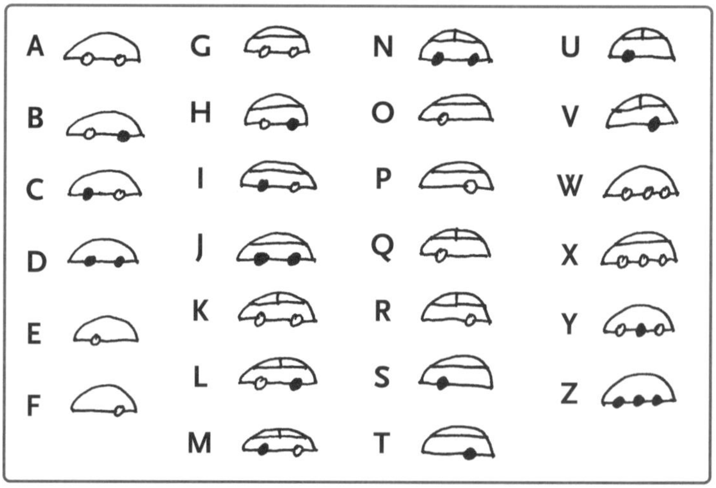

Die Buch-Verschlüsselung

Im Jahr 1822 übergab ein sonderbarer Fremder mit Namen Thomas J. Beale einem Hotelier in der amerikanischen Stadt Lynchburg eine kleine Kiste. Der Fremde bat den Hotelier, die Kiste so lange für ihn aufzubewahren, bis er wieder nach Lynchburg kommen würde. Wenn der Hotelier aber zehn Jahre nichts von ihm gehört hätte, dann sollte er diese geheimnisvolle Kiste öffnen.
Da der geheimnisvolle Mr. Beale nie mehr in Lynchburg erschien, öffnete der Hotelier pflichtbewusst nach zehn Jahren die Kiste. Sie enthielt einen Brief an ihn und drei Blätter Papier mit unendlich vielen Zahlen. In dem Brief stand, dass Mr. Beale Gold im Wert von 20 Millionen $ an einem geheimen Ort vergraben hatte, um ihn für seine Verwandten in Sicherheit zu bringen. Er bat den Hotelier, dafür zu sorgen, dass das Gold jetzt an die rechtmäßigen Besitzer gehe. Damit niemand das Versteck finden konnte, hatte sich Mr. Beale einen besonderen Zahlencode einfallen lassen. Den Schlüssel zu diesem Code hatte der Hotelier jedoch nie erhalten. Stattdessen hielt er die drei mit Zahlen beschriebenen Blätter in den Händen.
Bis zu seinem Lebensende versuchte der Hotelier vergeblich, den Code zu knacken. Kurz vor seinem Tod übergab er die Kiste mit ihrem rätselhaften Inhalt an einen Freund. Diesem gelang es immerhin, das Prinzip des Codes zu erkennen und eine der drei Seiten zu entschlüsseln. Bis heute ist es jedoch niemandem gelungen, die anderen beiden Seiten zu entziffern. Selbst professionelle Kryptologen haben den Code nicht knacken können, allen mathematischen Kenntnissen und Computern zum Trotz.
Die nach ihrem Verfasser benannten Beale-Chiffren sind mit der Methode der Buch-Verschlüsselung erstellt worden. Grundvoraussetzung hierbei ist, dass Sender und

Bobs Tipp

Wenn du die Buch-Verschlüsselung anwendest, wähle kein besonders seltenes oder altes Buch aus. Denn wer bei dir und deinem Partner einen Blick ins Bücherregal wirft, wird dieses besondere Buch schnell finden. Am besten, du wählst ein häufiges Buch aus, das fast jeder besitzt, etwa Harry Potter oder einen Band aus der drei ???®- Reihe, und legst eine bestimmte Seite als Startseite fest. Damit gehst du auf Nummer sicher und ihr müsst nicht jedes Mal den Buchstaben neue Zahlen zuweisen.

Empfänger über das gleiche Buch verfügen und die Anfangsbuchstaben der Wörter eines vereinbarten Kapitels durchnummerieren. Hat man sich z.B. auf das zweite Kapitel im Buch „Die drei ??? Codename: Cobra" geeinigt, sieht der durchnummerierte Text so aus:
(1)Für (2)eine (3)Sekunde (4)kämpfte (5)Peter (6)mit (7)einem (8)heftigen (9)Lachreiz, (10)der (11)unwiderstehlich (12)seine (13)Kehle (14)kitzelte. (15)Aber (16)der (17)herzerweichende (18)Anblick (19)des (20)todunglücklichen (21)Mädchens (22)ließ (23)ihn (24)den (25)Lacher (26)sofort (27)wieder (28)herunterschlucken, (29)so (30)dass (31)ihm (32)nur (33)ein (34)merkwürdiges, (35)dumpfes (36)Glucksen (37)entfuhr. (38)Die (39)beiden (40)anderen (41)Fragezeichen (42)waren (43)angesichts (44)ihres (45)neuen (46)Auftrags (47)ähnlich (48)verwirrt (49)wie (50)er. (51)Bob (52)trat (53)unwillkürlich (54)einen (55)Schritt (56)zurück ...

Die Zahl wird zum Stellvertreter des Buchstabens, vor dem er steht, also:
1 = f, 2 = e, 3 = s, 4 = k, 5 = p, 6 = m, 7 = e, 8 = h, 9 = l, 10 = d, 11 = u, 12 = s, 13 = k, 14 = k, 15 = a, 16 = d, 17 = h, 18 = a, 19 = d, 20 = t, 21 = m, 22 = l, 23 = i, 24 = d, 25 = l, 26 = s, 27 = w, 28 = h, 29 = s, 30 = d, 31 = i, 32 = n, 33 = e, 34 = m, 35 = d, 36 = g, 37 = e, 38 = d, 39 = b, 40 = a, 41 = f, 42 = w, 43 = a, 44 = i, 45 = n, 46 = a, 47 = ä, 48 = v, 49 = w, 50 = e, 51 = b, 52 = t, 53 = u, 54 = e, 55 = s, 56 = z, ...

Der geheimnisvolle Mr. Beale hat übrigens die von ihm verwendeten Texte bis 999 durchnummeriert. Auf den ersten Blick sieht man dieser Methode an, dass ein Buchstabe, z.B. das E, gleich mehrere Stellvertreter hat, in unserem Fall 2, 7, 33, 37, 50, 54; beim D sind es 16, 19, 24, 30, 35, 38. Nummeriert man tatsächlich bis 999, so kommt man auf etwa 38 Stellvertreter für einen Buchstaben. Noch dazu bilden diese Stellvertreter keine mathematische Reihe, wie sie es etwa bei 3, 6, 9, 12, 15 getan hätten, sondern sind absolut zufällig ausgewählt. Schreibt man einen Text, so kann man für einen Buchstaben unterschiedliche Zahlenvertreter verwenden. „Heute um zwei" kann man z.B. 17 54 11 52 7 53 34 56 49 33 41

schreiben. Obwohl in diesem Satz das E dreimal und das U zweimal vorkommen, werden diese Buchstaben immer durch andere Stellvertreter ersetzt. Erst nach mehreren Wörtern kann es zu Wiederholungen von Zahlen kommen.
Eine Buch-Verschlüsselung wie die Beale-Chiffren ist nur zu knacken, wenn das verwendete Buch und das entsprechende Kapitel bekannt sind. Der Sender muss das Buch nicht einmal unbedingt selbst besitzen, sondern kann es aus einer Bibliothek oder von einem Freund ausleihen. Die eine Seite der Beale-Chiffren wurde auch nur entschlüsselt, weil Mr. Beale hier den Text der amerikanischen Unabhängigkeitserklärung benutzt hatte. Damals war dieser Text überall verfügbar. Doch welche Texte Mr. Beale für die anderen beiden Seiten benutzte, auf denen die Lage des Schatzes beschrieben ist, weiß bis heute niemand.
Die Buchverschlüsselung eignet sich nicht für den schnellen und täglichen Gebrauch, da sie dafür zu umständlich ist. Bei sehr wichtigen Botschaften und Geheimnissen gibt es aber kaum eine Verschlüsselungsmethode, die sicherer und schwerer zu entziffern ist.

▸ Bei einer anderen Variante der Buch-Verschlüsselung werden nicht die Anfangsbuchstaben durchnummeriert, sondern die Wörter. So ergeben die Zahlen 33 45 46 1 5 den Satz: „Einen neuen Auftrag für Peter." Dass bei einem solchen zusammengestellten Satz die Grammatik nicht immer stimmt, spielt keine Rolle. Mit dieser vereinfachten Art der Buch-Verschlüsselung lassen sich auch längere Texte einfach zusammenstellen.

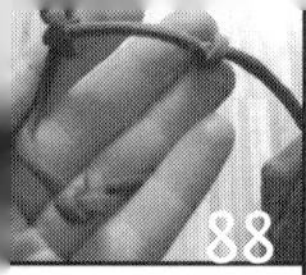

Das Codebuch

Konjunktionen sind Bindewörter, die Satzteile oder ganze Sätze miteinander verbinden, dazu gehören z.B. wie, denn, weil, damit.
Pronomina sind Wörter, die für ein Nomen (Nennwort, Namenwort) stehen, wobei es unterschiedliche Arten von Pronomina gibt, z.B. Personalpronomina (ich, du, wir) oder Interrogativpronomina (Wer? Was? Wie?).

Bei vielen Geheimdiensten und Organisationen waren vor der Entwicklung des Computers Codebücher sehr beliebt. Vom Vatikan bis zur Marine – wenn eine geheime Botschaft zu übermitteln war, griffen viele zu ihren Codebüchern.
Die meisten Codebücher arbeiten nach dem Prinzip der Substitution, wobei entweder Zahlen, Buchstaben oder Wörter für andere Wörter stehen. Man braucht also sehr viele Codewörter oder Codezahlen, um eine Geheimbotschaft schreiben zu können. Eine dieser Codierungsmöglichkeiten hast du im vorigen Kapitel bereits kennen gelernt: die Buchverschlüsselung, bei der jedes Buch als Codebuch dienen kann. Diese Methode hat jedoch den Nachteil, dass man die benötigten Wörter aus dem Text suchen muss. Bei einem richtigen Codebuch hat man dagegen alle wichtigen Wörter immer griffbereit und alphabetisch sortiert. Die folgenden Beispiele zeigen die vielfältigen Möglichkeiten:

Bob = Spade
Eltern = XY
Geheim = 00
Gestern = _
Heute = 99
Justus = Marlowe
Mittag = Löffel
Morgen = Wald
Peter = Holmes
Schule = 13
Treffen = Krater
Verrat = ...
Zentrale = ▸

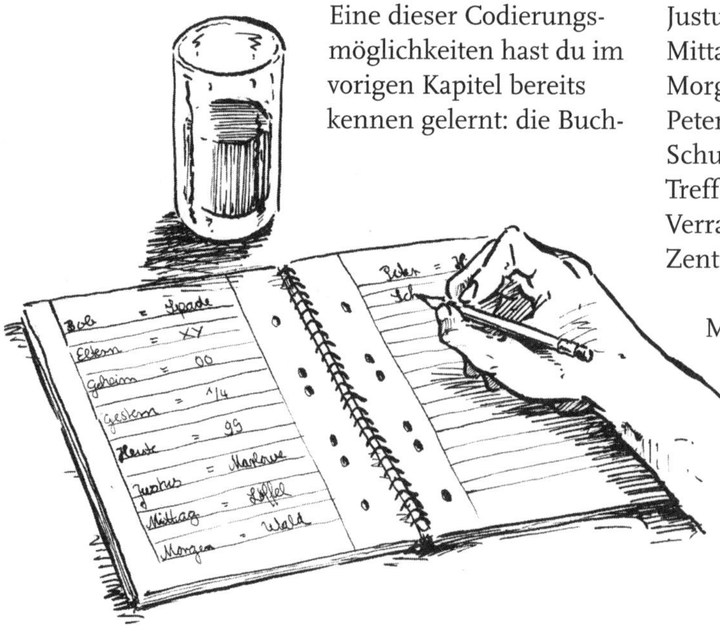

Mithilfe des Codebuchs, das natürlich wesentlich mehr Begriffe enthält als die angegebenen Beispiele, wird aus dem Satz: „Treffen uns heute Mittag in der Zentrale“ die Codenachricht: „Krater – 99 – Löffel –

- Bei einer entsprechenden Anzahl von Begriffen und Codewörtern und -zeichen kann man faktisch jede Botschaft verschlüsseln und wieder entschlüsseln. Um Zeit und Mühe zu sparen, werden Konjunktionen oder Pronomina, soweit möglich, weggelassen.
- Lege zusammen mit deinen Freunden ein eigenes Codebuch an. Am besten macht ihr das an einem Computer, denn das Textverarbeitungsprogramm sortiert euch eure Liste mit Begriffen und Namen alphabetisch. Dann sucht ihr euch gemeinsam die entsprechenden Codewörter und Codezeichen. Wenn die Liste vollständig ist, druckt ihr sie euch aus und verteilt die Liste an jedes Mitglied des Detektivclubs.
- Euer Code ist sicher, solange niemand in den Besitz eines eurer Codebücher gelangt. Es ist daher sehr wichtig, dass jedes Mitglied eines Detektiv-Clubs sein Codebuch immer sicher versteckt. Auf keinen Fall darf es mit zur Schule genommen werden, wo es leicht gestohlen werden könnte.
- Sollte dir dein Codebuch dennoch abhanden kommen, musst du sofort alle Clubmitglieder informieren, damit sie keine neuen Botschaften codieren. Denn euer Code ist nun wertlos. Selbst wenn ein verlorenes Codebuch wieder auftaucht, darf es nicht mehr benutzt werden, denn jemand könnte es kopiert haben und hoffen, dass ihr euren alten Code weiterhin benutzt. Euch bleibt in diesem Fall nichts anderes übrig, als gemeinsam ein neues Codebuch anzulegen.
- Codebücher müssen regelmäßig aktualisiert werden. Denn mit der Zeit stellt sich heraus, dass immer mehr Begriffe und neue Namen benötigt werden. Daher sollte man sich regelmäßig treffen und die Codebücher durchsehen.

Peters Tipp

Ein gutes Versteck für ein Codebuch ist ein ganz normales Buch, in das man hinten vorsichtig ein paar zusätzliche Seiten klebt. Schlage dann das Buch in einem Umschlag ein, der diese Seiten mit einschließt. Dieses Buch sollte einen völlig uninteressanten Titel haben, am besten nimmst du ein altes Wörterbuch, das niemand freiwillig aus deinem Regal zieht. Und selbst wenn, so müsste die Person erst einmal den Umschlag entfernen, um an deine Codes zu gelangen.

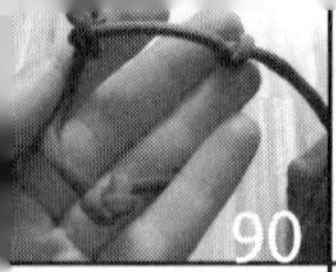

Die Schachbrett-Verschlüsselung

Ein Schachbrett besteht bekanntlich aus 64 Feldern, die mithilfe von Zahlen und Buchstaben bezeichnet sind. Ein Spieler kann also einem anderen die Information geben: „Weißer Springer auf G 8." Und dieser weiß sofort, welches der 64 Felder gemeint ist.

Dieses System kann man auch für eine Geheimschrift nutzen. Die einfachste Lösung wäre ein Schachbrett mit 5 x 5 Feldern – eines für jeden Buchstaben im Alphabet, wobei das I auch für das J steht.

Jeder Buchstabe lässt sich nun wie eine Figur auf einem Schachbrett bestimmen. C 3 wäre auf unserem Beispiel das N, E 2 das F und A 5 das V.

Ein so verschlüsselter Text wäre jedoch sehr leicht zu entschlüsseln, zumal man erraten kann, dass A 1 das A und E 5 das Z ist. Doch ganz so einfach wollen wir es einem möglichen Codeknacker nicht machen. Zum Glück gibt es einige Möglichkeiten, die Schachbrett-Verschlüsselung sicherer zu machen. Man kann z.B. drei verschiedene Schachbretter benutzen und den ersten Buchstaben der Geheimbotschaft mit dem ersten Schachbrett, den zweiten mit dem zweiten Schachbrett und den dritten mit dem dritten Schachbrett verschlüsseln. Beim vierten Buchstaben beginnt man wieder mit dem ersten Schachbrett. Aus BOB IN GEFAHR wird so B1 B3 D2 B2 C3 C2 E1 A4 E1 C2 B2.

1. SCHACHBRETT

	A	B	C	D	E
1	A	B	C	D	E
2	K	I	H	G	F
3	L	M	N	O	P
4	U	T	S	R	Q
5	V	W	X	Y	Z

2. SCHACHBRETT

	A	B	C	D	E
1	Z	Y	X	W	V
2	Q	R	S	T	U
3	P	O	N	M	L
4	F	G	H	I	K
5	E	D	C	B	A

3. SCHACHBRETT

	A	B	C	D	E
1	Y	U	O	F	A
2	V	P	G	B	K
3	Q	H	C	L	R
4	I	D	M	S	W
5	E	N	T	X	Z

Einem möglichen Codeknacker wird sofort auffallen, dass bestimmte Stellvertreter mehrfach vorkommen, nämlich B2 und C2. Seine logische Schlussfolgerung, dass es sich hierbei um denselben Buchstaben handeln könnte, ist jedoch falsch.
Eine weitere Möglichkeit ist die Vergrößerung des Schachbretts und die Wiederholung von Buchstaben, vor allem der häufigen wie E, N und D. Außerdem kann man die Buchstaben gut durchmischen. Das E kann man nun gleich mit vier Schlüsseln schreiben: F2, G4, C6 und E6. Schreibt man ein Wort beispielsweise DETEKTIVE mit vielen Es, so wäre es leicht zu erraten, um welchen Buchstaben es sich handelt und der Code schon halb geknackt. Dank der mehrfach vorhandenen Schlüssel kann man es jedoch so schreiben: A3 F2 C2 E6 E3 F7 B1 C7 C6. Trotz Buchstabenwiederholungen ist das E jedes Mal durch einen anderen Stellvertreter ersetzt worden.

	A	B	C	D	E	F	G
1	U	I	O	S	M	N	Z
2	H	A	T	D	X	E	G
3	D	L	A	N	K	L	F
4	G	B	P	K	D	F	E
5	N	P	O	W	J	K	Q
6	M	B	E	C	E	I	H
7	X	S	V	J	R	T	L

Justus' Tipp

Damit ist die Schachbrett-Verschlüsselung noch lange nicht ausgereizt, denn die Sicherheitsstufe lässt sich natürlich noch steigern, indem du auch hier zwei oder drei verschiedene Schachbretter benutzt und sie für jeden Buchstaben abwechselnd einsetzt. Zudem kannst du das Schachbrett nochmals vergrößern oder zur erhöhten Sicherheit die Ziffern und Buchstaben für die Koordinaten mischen. Statt 1, 2, 3, 4, 5, 6, 7 steht z.B. 5, D, 2, A, 6, E, 1 am rechten Rand.
Oder aber du änderst nach der Verschlüsselung von jedem Buchstaben die Koordinaten nach einem bestimmten System. Wer mehrere große Schachbretter benutzt, kann sogar Geheimbotschaften schreiben, die immer nur aus einem Schlüssel bestehen, also G1 G1 G1 für BOB. Eine derartige Verschlüsselung ist nicht zu knacken, da sie keinerlei Muster aufweist. Nur der Empfänger kennt den Schlüssel. Du siehst, die Schachbrett-Verschlüsselung bietet sehr viele Möglichkeiten, die du allerdings selbst ausprobieren und üben musst.

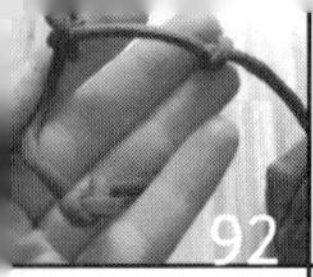

Matthews Verschlüsselungsmaschine

Im Jahr 1989 veröffentlichte der Londoner Journalist und Experte für Geheimschriften Robert Matthews in einem Buch eine Anleitung für eine einfache, aber sehr wirkungsvolle Verschlüsselungsmaschine. Diese Maschine arbeitet nach dem Prinzip der Substitution. Für jeden Buchstaben wird aus einem verschobenen Alphabet ein anderer Buchstabe, also ein Stellvertreter, eingesetzt. Diese Methode wurde im Kapitel „Caesars Geheimschrift“ behandelt. Sie hat jedoch einige Nachteile, da sie nur ein verschobenes Alphabet benutzt. Robert Matthews hat seine Maschine daher so konstruiert, dass sie automatisch für jeden Buchstaben ein anderes Alphabet verwendet. Verschlüsselt man einen Satz mit 15 Buchstaben, benutzt man also 15 verschiedene Alphabete. Ermöglicht wird dies dank eines Schlüsselwortes bzw. -satzes, mit dem der Text codiert wird. Zunächst musst du dir jedoch diese Maschine bauen.

BAUANLEITUNG

- Schneide vorsichtig eine leere Toilettenpapierrolle in drei gleich große Ringe. Einen der Ringe trennst du längs auf und schneidest einen 5 mm breiten Streifen ab. Der Ring wird also kleiner und passt nun in die anderen Ringe hinein. Klebe ihn in einem der gleich großen Ringe fest. Die Hälfte muss noch herausschauen, damit sich der dritte Ring auf den ersten stecken und drehen lässt. Du hast nun zwei Ringe auf einer Achse, die sich gegeneinander drehen lassen.
- Kopiere die Skala (du findest Sie auf der übernächsten Seite) aus dem Buch und schneide sie an der gestrichelten Linie auseinander. Die Skala mit den Buchstaben klebst du auf den linken Ring, und zwar möglichst nah an den Rand; die zweite Skala klebst du auf den rechten Ring, ebenfalls nah an den Rand. Fertig ist die Chiffriermaschine.

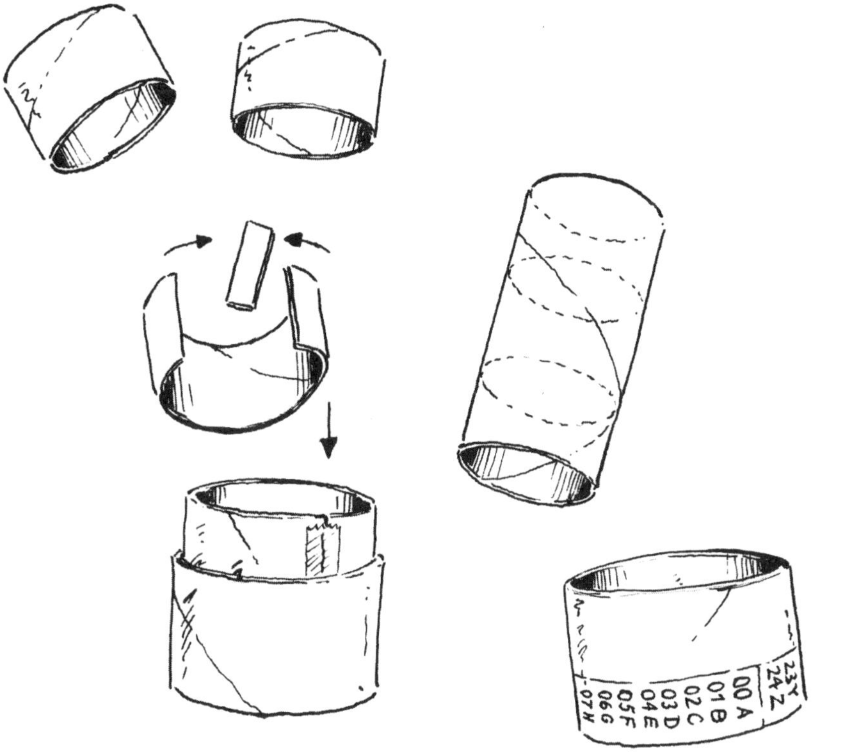

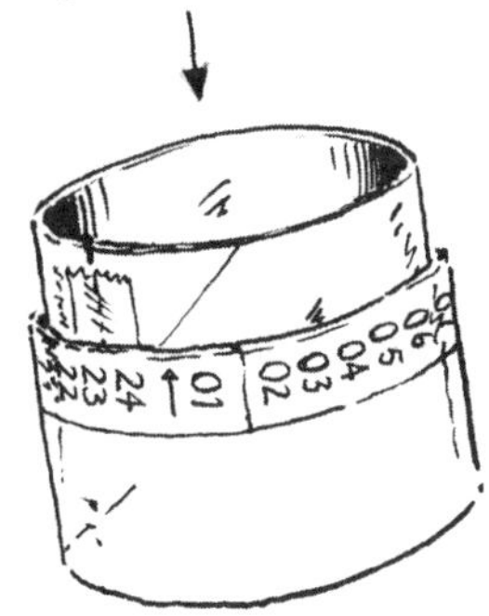

- Die Chiffriermaschine hat den Vorteil, dass sie ohne Schlüsselwort wertlos ist. Gelangt sie in falsche Hände, kann der neue Besitzer keinen Schaden anrichten, da er das vereinbarte Schlüsselwort nicht kennt. Noch dazu ist diese Chiffriermaschine schnell wieder nachgebaut.
- Das Schlüsselwort muss genauso lang sein wie das zu verschlüsselnde Wort. Willst du einen Satz verschlüsseln, braucht du einen ebenso langen Satz. Am einfachsten ist es, wenn du ihn aus einem vereinbarten Buch übernimmst. Fangen wir zunächst jedoch mit einem Wort an, z.B. mit PETER. Zuerst suchst du dir ein gleich langes Schlüsselwort, z.B. TOKYO. Nun notierst du jede Zahl, die neben den entsprechenden Buchstaben auf

00 A	01
01 B	←
02 C	24
03 D	23
04 E	22
05 F	21
06 G	20
07 H	19
08 I	18
09 K	17
10 L	16
11 M	15
12 N	14
13 O	13
14 P	12
15 Q	11
16 R	10
17 S	9
18 T	8
19 U	7
20 V	6
21 W	5
22 X	4
23 Y	3
24 Z	2

BAUANLEITUNG:
Umfang einer Toilettenpapierrolle: 15 cm. Exakt so lang muss die linke Seite des Streifens sein, so dass 0 A und 24 Z nahtlosen Anschluss haben.
Der rechte Streifen muss 14 cm lang sein, damit er auf die verengte Rolle passt.

der linken Seite steht, also: T = 18, O = 13, K = 09, I = 08, O = 13. Das sind deine Schlüsselzahlen. Drehe nun die rechte Seite so, dass die erste Schlüsselzahl neben dem ersten Buchstaben des zu verschlüsselnden Wortes steht. Die 18 und das P bilden nun eine Linie, während der kleine Pfeil auf das H zeigt, den ersten Geheimbuchstaben. Die 13 steht neben dem E, der Pfeil zeigt auf das S usw. Das verschlüsselte Wort lautet dann HSCCE und hat weder mit PETER noch mit TOKYO eine Ähnlichkeit und ist sicher verschlüsselt. Nur das A, sollte es in einem Schlüsselwort vorkommen, bleibt das A.

▸ Entschlüsselt, also dechiffriert, wird entgegengesetzt. Du kennst das Schlüsselwort und somit die Schlüsselzahlen und drehst den Pfeil auf das H. Dann siehst du nach, welcher Buchstabe der ersten Schlüsselzahl 18 gegenüber steht, nämlich das P. So kannst du ohne Mühe aus HSCCE wieder PETER machen.

▸ Bei einem ganzen Satz vereinbarst du den Anfang eines Buchs, z.B. des neusten Bands der drei ???® und erstellst anhand des ersten Satzes die Schlüsselzahlen.

Bobs Tipp

Diese kleine Chiffriermaschine wird auch von Profis eingesetzt, die jedoch nicht aus einem Wort eine Schlüsselzahl ableiten, sondern von vornherein festgelegte Schlüsselzahlen verwenden.
Die Zahlen lassen sie von einem Zufallsgenerator erzeugen, also einer Maschine, die Zahlenreihen rein zufällig zusammenstellt, wie z.B. die Maschine, die die Lottozahlen zieht. Diese Methode ist noch sicherer, da sich die Schlüsselzahl nicht auf ein Wort oder einen Satz beziehen, sondern absolut zufällig gewählt werden.

Max Klausen funkt nach Moskau

Im Jahr 1941 marschierte die Deutsche Wehrmacht in die Sowjetunion ein. Die hatte anfangs dem Angreifer kaum etwas entgegenzusetzen. Noch dazu befürchtete man in Moskau, dass das mit den Deutschen verbündete Japan die Sowjetunion von China her angreifen könnte. Doch zum Glück hatte Moskau zwei Spione in Tokio, die herausfanden, dass Japan vorläufig keinen Angriff plante. Diese Nachricht musste so schnell wie möglich nach Moskau gefunkt werden, denn nun konnte die Sowjetunion sämtliche Truppen in den Kampf gegen die Deutschen schicken. Die Grenze zu China brauchte nicht mehr bewacht zu werden.
Für den Funkspruch war der Funker Max Klausen zuständig, der seine eigene Methode hatte, einen Text zu verschlüsseln. Zunächst nutzte er die Substitution und ersetzte jeden Buchstaben durch eine Zahl. Die häufigsten Buchstaben A, S, I, N, T, O, E und R erhielten Zahlen von 0 bis 7 als Stellvertreter. Alle anderen Buchstaben erhielten zweistellige Zahlen, die mit 8 und 9 beginnen. Sein geheimes Zahlenalphabet sah dann so aus:

Das geheime Zahlenalphabet:

A	B	C	D	E	F	G	H	I	J	K	L	M	N
5	87	80	83	3	92	95	98	1	84	88	93	96	7
O	**P**	**Q**	**R**	**S**	**T**	**U**	**V**	**W**	**X**	**Y**	**Z**	**.**	**/**
2	85	89	4	0	6	82	99	91	81	97	86	90	94

Die so codierte Nachricht wäre jedoch für jeden Kryptologen leicht zu entschlüsseln gewesen. Als Erstes wäre aufgefallen, dass es ein- und zweistellige Zahlen gibt und die zweistelligen mit 8 oder 9 beginnen. Doch der Funker hat noch einen weiteren Trick eingesetzt, der diesen Zahlenschlüssel so veränderte, dass die Japaner keine Chance hatten, seinen Funkspruch zu entschlüsseln. Er hat aus seinem Regal ein bekanntes und häufiges Statistisches Jahrbuch genommen und eine x-beliebige Seite

Peters Tipp

Klausens Methode der Verschlüsselung anzuwenden, ist keine komplizierte Sache, aber eine absolut sichere. Selbst wenn jemand diese Methode kennt, hat er keine Chance, hinter dein Geheimnis zu kommen, weil er die geheime Schlüsselzahl nicht kennt. Diese muss natürlich wie ein Augapfel gehütet werden. Daher solltest du auch nicht auf leicht zu erratende Zahlen wie deine Telefonnummer zurückgreifen, sondern mit deinen Partnern eine Zahlenreihe vereinbaren, die auf einer bestimmten Seite in deinem Mathebuch steht. Das hast du immer zur Verfügung, und du brauchst dir die Zahl nicht merken oder aufzuschreiben. Wichtig ist nur, dass sich die Zahlenreihe beliebig ergänzen lässt, was aber bei den Aufgaben in einem Mathebuch kein Problem ist.

aufgeschlagen und dort eine Spalte mit einer längeren Zahl gesucht. Diese Zahl hat er dann zu seinem Zahlencode addiert. Dabei wurde der Zehner, wenn die Summe die 9 überschreitet, nicht auf die nächste Stelle übertragen, also nicht 5 + 7 = 12 gerechnet, sondern 5 + 7 = 2. Lautet die Nachricht beispielweise PETER IN GEFAHR, ergibt sich daraus der Zahlencode 85363417953925984. Jetzt fehlt nur noch eine entsprechend lange Schlüsselzahl.

Da wir kein Jahrbuch haben, heißt sie der Einfachheit halber 12345678910111213. Sie wird nun zu der ersten Zahl addiert:

$$\begin{array}{lr} & 85363417953925984 \\ + & 12345678910111213 \\ \hline & 97608085863036197 \end{array}$$

Die Summe beider Zahlen ist die eigentliche Geheimbotschaft, die ohne die zweite Zahl nicht zu knacken ist. Nur der Empfänger kennt sie und kann sie wieder von der Summe abziehen:

$$\begin{array}{lr} & 97608085863036197 \\ - & 12345678910111213 \\ \hline & 85363417953925984 \end{array}$$

Nun braucht er nur noch die entstandenen Codezahlen wieder in Buchstaben zu verwandeln.

Die Enigma

Bis heute ist die Enigma die bekannteste Chiffriermaschine der Welt.
1918 von Arthur Scherbius erfunden, wurde sie ab 1925 von der Deutschen Wehrmacht eingesetzt und bis 1945 immer wieder verändert und verbessert. Die Enigma hat die Größe einer Schreibmaschine und auch eine ähnliche Tastatur. Außerdem verfügt sie über bis zu fünf Walzen, etliche Steckerverbindungen und ein Anzeigenfeld für die Geheimbuchstaben, unter denen Lämpchen aufleuchten. Wenn du einmal nach München kommst, kannst du dir im Deutschen Museum eine Enigma ansehen.
Um mit einer Enigma einen Text zu verschlüsseln, muss jeder Buchstabe der Nachricht mithilfe der Tastatur eingegeben werden. Für jeden getippten Buchstaben erscheint auf dem Anzeigenfeld der entsprechende Geheimbuchstabe, der notiert werden muss. Doch ist das nicht immer derselbe, wie beispielsweise bei Caesars Verschlüsselung, sondern jedesmal ein anderer. Das bedeutet, dass aus einem A innerhalb einer Botschaft jeder beliebige andere Buchstabe werden kann. Ermöglicht wird dies durch die Walzen, die sich nach jeder Eingabe drehen und ein anderes Alphabet für die Substitution einstellen. Zusätzlich sorgen Steckerverbindungen und ein besonderer Tagesschlüssel dafür, dass es 159.000.000.000.000.000.000 Möglichkeiten gibt, die Enigma auf einen bestimmten Code einzustellen.
Anfangs galt es daher auch als unmöglich, einen mit der Enigma verschlüsselten Text zu knacken. Doch nach vielen Versuchen ist es zuerst polnischen, dann englischen Kryptologen gelungen, Enigma-Botschaften zu entschlüsseln. Das wurde durch den Einsatz der ersten, einfachen Computer möglich, die die aufgefangenen Funksprüche der Deutschen nach bestimmten Mustern durchsuchten. Ab 1940 konnten die Engländer mehr und mehr geheime Funksprüche entschlüsseln. Allerdings brauchten sie dafür sehr viele Computer und noch mehr

Erfunden wurde die Chiffriermaschine 1918 von Arthur Scherbius, der ihr auch den Namen „Enigma“ gab. Das ist griechisch und bedeutet „Rätsel“

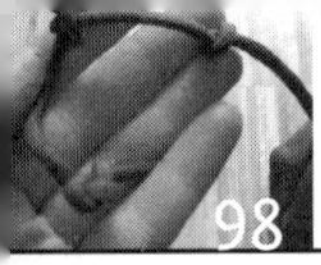

Kryptologen. Eine Enigma ist eine sehr komplizierte Maschine mit einer raffinierten Verdrahtung, die nur Experten nachbauen können. Für Detektive gibt es eine sehr vereinfachte, aber wirkungsvolle Version der Enigma, die sogar über einen Tagesschlüssel verfügt, der jeden Tag geändert wird.

SO BAUST DU DIR EINE ENIGMA

▸ Mache drei Kopien von der großen Scheibe des Codierrads und schneide sie sauber aus. In die Mitte, wo

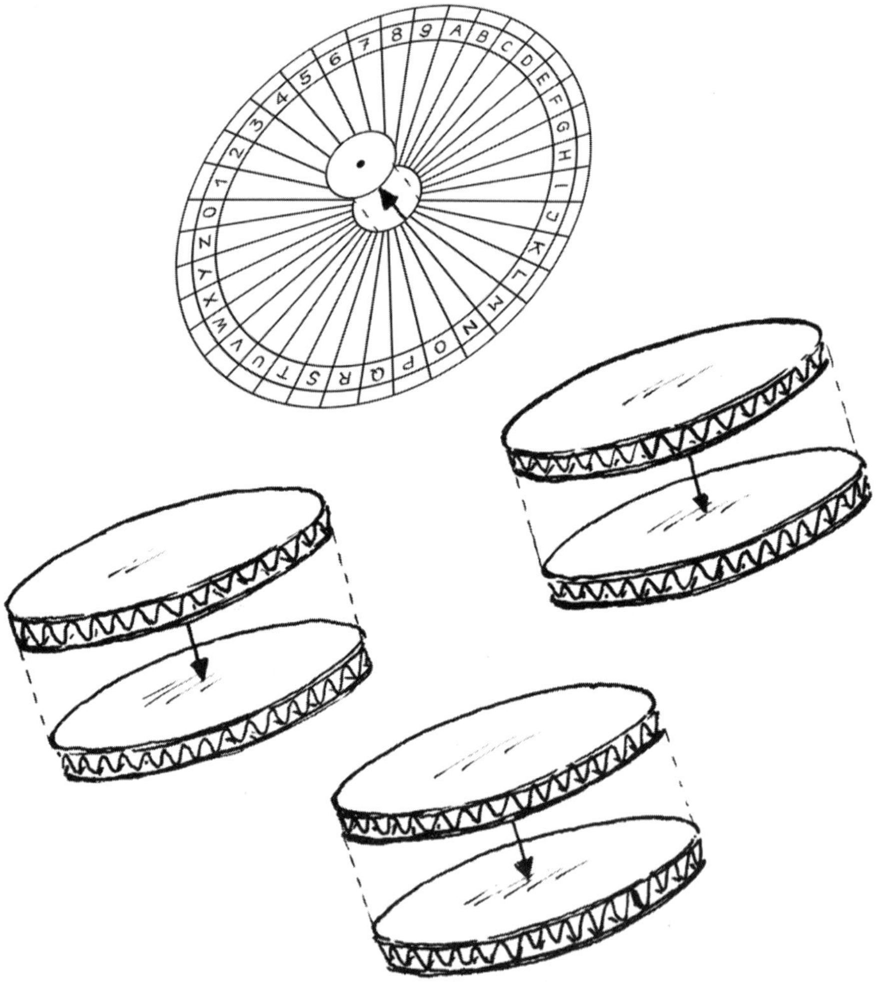

sich die Linien kreuzen, schneidest du ein Loch von der Größe eines Hosenknopfes.

- Nehme mit dem Zirkel den Radius des Codierrads ab, übertrage ihn auf ein Stück glatter Wellpappe und schneide den Wellpappeteller aus. Fertige auf diese Weise sechs Wellpappeteller an. Klebe jeweils zwei der Teller aufeinander, so dass du drei gleich große und dicke Räder erhältst.
- Schneide von der offenen Wellpappe, erkennbar an den sicht- und fühlbaren Wellen auf einer Seite, drei 25 cm lange und 1 cm breite Streifen ab. Klebe jeweils einen Streifen so um eines der Räder, dass sich die Wellen außen befinden. Achte darauf, dass die Naht zwischen zwei Wellen liegt und sich nicht von den anderen „Tälern" unterscheidet! Die restlichen Wellen schneidest du ab, nicht aber den überstehenden Rand des Streifens. Überklebe auch die an-

Für den Bau benötigst du:

- offene Wellpappe
- beidseitig geschlossene Wellpappe
- drei große Briefklammern
- die Vorlage der großen Scheibe des Codierrades (Siehe Seite 76)
- Filzstift, Klebstoff, Schere, Zirkel

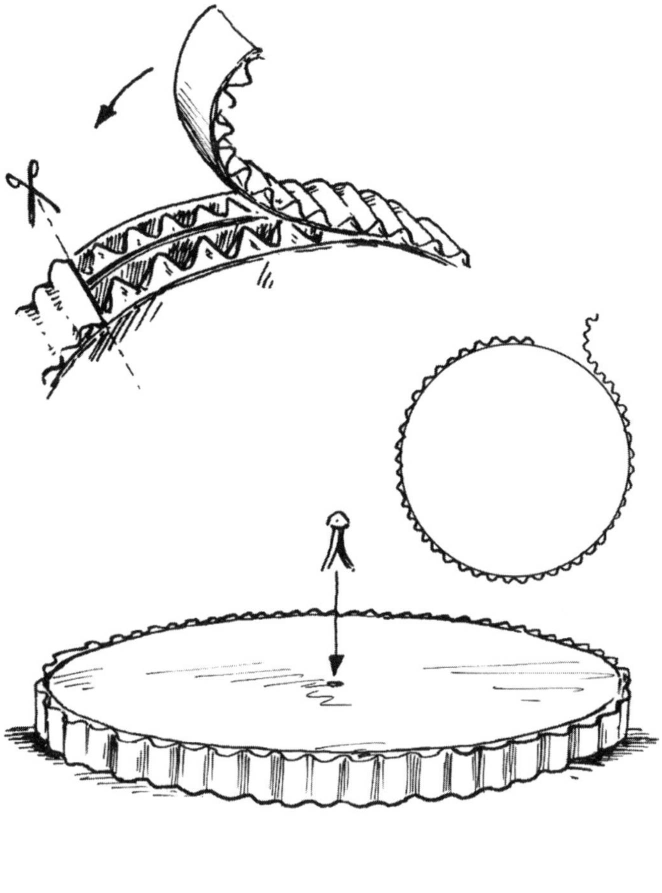

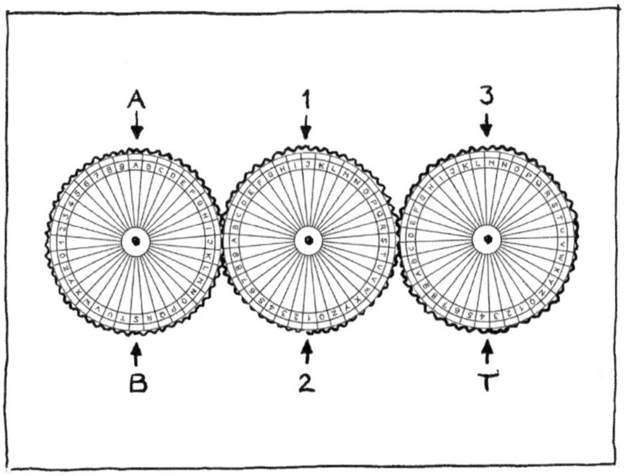

deren beiden Räder so, dass du drei gleiche Zahnräder erhältst.

▸ Bohre mit einer Bleistiftspitze oder einem Nagel Löcher in die Mitte der Zahlräder, durch die sich die Briefklammern stecken lassen. Lege die drei Zahnräder in einer Reihe auf ein Stück glatter Wellpappe in der Größe DIN A4, und zwar so, dass sie auch wie richtige Zahnräder ineinander greifen. Bohre an den entsprechenden Stellen Löcher in die Pappe und befestige die Zahnräder. Achte darauf, dass sie sich gut drehen lassen.

▸ Trage nun oberhalb und unterhalb jedes Zahnrads einen Pfeil auf dem Karton ein, so wie es auf der Zeichnung zu sehen ist. Die Pfeile tragen die Bezeichnungen A, B, 1, 2, 3 und T, wobei T für Tagesschlüssel steht.

▸ Klebe die erste Codierscheibe so auf das erste Rad, dass der Pfeil A auch auf das A zeigt und der Pfeil B auf das S. Klebe die zweite Codierscheibe so auf das zweite Rad, dass der Pfeil 1 auf das J und der Pfeil 2 auf die 1 zeigt. Die dritte Codierscheibe wird nicht festgeklebt, sondern vorsichtig auf das dritte Rad gelegt. Dank des überstehenden Rands bleibt sie in dieser Position auch liegen. Fertig ist deine „Drei ???®-Enigma“.

▸ Um die Enigma zu benutzten, musst du zuerst den Tagesschlüssel einstellen. Dieser muss natürlich vorher mit deinen Partnern vereinbart werden, denn die Enigma funktioniert nur, wenn alle den gleichen Tagesschlüssel benutzen. Der Tagesschlüssel besteht aus zwei Buchstaben (bei der echten Enigma waren es drei). Der erste Buchstabe legt fest, bei welchem Pfeil die Buchstaben der Nachricht eingegeben werden, entweder bei A oder B. Der zweite Buchstabe ist frei wählbar, denn er bezieht sich auf die dritte Codierscheibe, die auf dem dritten Rad liegt. Vereinbart man z.B. das K, so muss die

Scheibe so auf das Rad gelegt werden, dass der Pfeil T auf das K zeigt. Der Tagesschlüssel, den man, wie der Name sagt, jeden Tag ändern kann, heißt also entweder AK oder BK.

UND DANN KANN ´S LOSGEHEN

Hast du den Tagesschlüssel AK gewählt, musst du die Buchstaben der Nachricht auf den Pfeil A einstellen. Die dritte Codierscheibe wird mit dem vereinbarten Buchstaben auf den Pfeil T ausgerichtet. Die Geheimbuchstaben werden bei den Pfeilen 1, 2 und 3 nacheinander abgelesen. Der erste eingegebene Buchstabe beim Pfeil 1, der zweite beim Pfeil 2, der dritte beim Pfeil 3, der vierte Buchstabe wieder beim Pfeil 1, der fünfte beim Pfeil 2 usw. Beim Tagesschlüssel AK wird so aus PETER IN GEFAHR ...

- Dechiffriert wird auf die gleiche Weise. Zuerst stellst du den Tagesschlüssel ein, dann gibst du nacheinander die Geheimbuchstaben am Pfeil A ein und liest die chiffrierten Buchstaben nacheinander bei den Pfeilen 1, 2 und 3 ab.
- Wie bei der echten Enigma ist der Besitz der Maschine für den Gegner wertlos, wenn er den Tagesschlüssel nicht kennt. Ohne die beiden Buchstaben kann keine Geheimbotschaft entschlüsselt werden. Euer Geheimnis hängt also davon ab, den Tagesschlüssel, der auch ein Wochenschlüssel sein kann, absolut geheim zu halten. Notiere ihn nirgends und verwende auch keine Anfangsbuchstaben von Namen, die allzu leicht zu erraten sind.

Justus' Tipp

Die „Drei-???®-Enigma" ist nur das Grundmodell. Erfahrene Detektive können sie beliebig variieren. Sie können weitere Zahnräder und Eingabe- bzw. Ablesepfeile hinzufügen. Wenn du Lust hast, kannst du einen noch raffinierteren Tagesschlüssel festlegen. Die Möglichkeiten sind unbegrenzt!

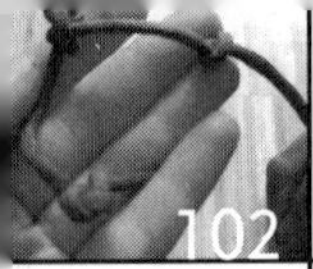

Das Vigenère-Quadrat

Caesars Verschlüsselungsmethode hast du bereits auf Seite 75 kennen gelernt. Sie wird auch monoalphabetisch genannt, da sie nur mit einem Alphabet arbeitet. Diese Art der Verschlüsselung kann jedoch relativ leicht geknackt werden. Das wusste auch der französische Diplomat Blaise de Vigenère (1523–1596) und kam auf die Idee, jeden zu chiffrierenden Buchstaben in ein anderes verschobenes Alphabet zu übertragen.
Zu diesem Zweck fertigte er eine durchnummerierte Tabelle mit 26 Alphabeten an, die unter dem Namen Vigenère-Quadrat bekannt wurde.
In der oberen Reihe des Quadrats stehen die so genannten Klarbuchstaben, darunter befinden sich, jeweils um einen Buchstaben verschoben, 26 Geheimalphabete. Will man mit dem Vigenère-Quadrat einen Text verschlüsseln, muss man zunächst ein Schlüsselwort wählen, z.B. GEHEIM. Nun sucht man in der ersten senkrechten Spalte die zu diesen Buchstaben gehörenden Zahlen heraus. Bei GEHEIM wären das 7, 5, 8, 5, 9 und 13. Codiert wird anhand der durch die Zahlen festgelegten Alphabete. Um, beispielsweise das P zu codieren, suchst du dir in der Zeile 7 nun den Buchstaben heraus, der in der Spalte der Klarbuchstaben unter P steht. Der erste Buchstabe wird mit dem Alphabet der siebten Zeile, der zweite mit dem der fünften, der dritte Buchstabe mit dem der achten usw. verschlüsselt:

Schlüsselwort:
GEHEIMGEHEIMGEHEIM
Unverschlüsselter Text:
PETERISTINGEFAHR
Verschlüsselter Text:
VIAIZUYXPROQLEOV

Die Entschlüsselung erfolgt in umgekehrter Reihenfolge. Wieder benötigt man das Schlüsselwort, mit dem die verwendeten Alphabete und die Reihenfolge festgelegt sind. In der ersten Zeile liest

Blaise de Vigenère (1523–1596) war ein französischer Diplomat, der mit 39 Jahren seinen Beruf aufgab, um sich nur noch mit Kryptografie zu beschäftigen. 1586 veröffentlichte er das Buch „Traicté des Chiffres", in dem er sein Wissen über Geheimschriften zusammenfasste.

Klarbuchstaben

1	A	B	C	D	E	F	G	H	I	J	K	L	M	N	O	P	Q	R	S	T	U	V	W	X	Y	Z
2	B	C	D	E	F	G	H	I	J	K	L	M	N	O	P	Q	R	S	T	U	V	W	X	Y	Z	A
3	C	D	E	F	G	H	I	J	K	L	M	N	O	P	Q	R	S	T	U	V	W	X	Y	Z	A	B
4	D	E	F	G	H	I	J	K	L	M	N	O	P	Q	R	S	T	U	V	W	X	Y	Z	A	B	C
5	E	F	G	H	I	J	K	L	M	N	O	P	Q	R	S	T	U	V	W	X	Y	Z	A	B	C	D
6	F	G	H	I	J	K	L	M	N	O	P	Q	R	S	T	U	V	W	X	Y	Z	A	B	C	D	E
7	G	H	I	J	K	L	M	N	O	P	Q	R	S	T	U	V	W	X	Y	Z	A	B	C	D	E	F
8	H	I	J	K	L	M	N	O	P	Q	R	S	T	U	V	W	X	Y	Z	A	B	C	D	E	F	G
9	I	J	K	L	M	N	O	P	Q	R	S	T	U	V	W	X	Y	Z	A	B	C	D	E	F	G	H
10	J	K	L	M	N	O	P	Q	R	S	T	U	V	W	X	Y	Z	A	B	C	D	E	F	G	H	I
11	K	L	M	N	O	P	Q	R	S	T	U	V	W	X	Y	Z	A	B	C	D	E	F	G	H	I	J
12	L	M	N	O	P	Q	R	S	T	U	V	W	X	Y	Z	A	B	C	D	E	F	G	H	I	J	K
13	M	N	O	P	Q	R	S	T	U	V	W	X	Y	Z	A	B	C	D	E	F	G	H	I	J	K	L
14	N	O	P	Q	R	S	T	U	V	W	X	Y	Z	A	B	C	D	E	F	G	H	I	J	K	L	M
15	O	P	Q	R	S	T	U	V	W	X	Y	Z	A	B	C	D	E	F	G	H	I	J	K	L	M	N
16	P	Q	R	S	T	U	V	W	X	Y	Z	A	B	C	D	E	F	G	H	I	J	K	L	M	N	O
17	Q	R	S	T	U	V	W	X	Y	Z	A	B	C	D	E	F	G	H	I	J	K	L	M	N	O	P
18	R	S	T	U	V	W	X	Y	Z	A	B	C	D	E	F	G	H	I	J	K	L	M	N	O	P	Q
19	S	T	U	V	W	X	Y	Z	A	B	C	D	E	F	G	H	I	J	K	L	M	N	O	P	Q	R
20	T	U	V	W	X	Y	Z	A	B	C	D	E	F	G	H	I	J	K	L	M	N	O	P	Q	R	S
21	U	V	W	X	Y	Z	A	B	C	D	E	F	G	H	I	J	K	L	M	N	O	P	Q	R	S	T
22	V	W	X	Y	Z	A	B	C	D	E	F	G	H	I	J	K	L	M	N	O	P	Q	R	S	T	U
23	W	X	Y	Z	A	B	C	D	E	F	G	H	I	J	K	L	M	N	O	P	Q	R	S	T	U	V
24	X	Y	Z	A	B	C	D	E	F	G	H	I	J	K	L	M	N	O	P	Q	R	S	T	U	V	W
25	Y	Z	A	B	C	D	E	F	G	H	I	J	K	L	M	N	O	P	Q	R	S	T	U	V	W	X
26	Z	A	B	C	D	E	F	G	H	I	J	K	L	M	N	O	P	Q	R	S	T	U	V	W	X	Y

man dann die Klarbuchstaben ab. Das Geheimnis besteht also nicht in dem Vigenère-Quadrat selbst, sondern in dem Schlüsselwort, das beliebig lang oder sogar ein ganzer Satz sein kann. Ohne das passende Schlüsselwort kann selbst ein Besitzer des Vigenère-Quadrats einen Geheimtext nicht entschlüsseln.

Bobs Tipp

Kryptologen haben natürlich Möglichkeiten gefunden, selbst einen mit einem Vigenère-Quadrat verschlüsselten Text zu dechiffrieren. Der Grund hierfür ist die Beibehaltung der Reihenfolge der 26 Alphabete, die je nur um einen Buchstaben verschoben werden. Wer ganz sicher gehen will, der verwendet 26 komplett durchgemischte Alphabete

Die Kreisel-Chiffriermaschine

Eine Weiterentwicklung des Vigenère-Quadrats ist die Kreisel-Chiffriermaschine, die ebenfalls mit 26 verschobenen oder gemischten Alphabeten arbeitet. Diese werden jedoch nicht untereinander angeordnet, sondern sternförmig um einen Mittelpunkt.

UND SO BAUST DU DIE CHIFFRIERMASCHINE

▸ Schneide aus einem Stück Karton ein Rad mit dem Durchmesser von 24 cm aus. Bohre mit der Spitze eines Bleistifts ein kleines Loch für die Briefklammer in die Mitte.

▸ Schneide aus dem gleichen Karton einen 2 cm breiten und 14 cm langen Streifen aus, in den du ebenfalls ein Loch bohrst, und zwar 1 cm vor dem Rand.

▸ Fertige von Hand oder mit dem Computer 26 verschobene oder gemischte Alpha-

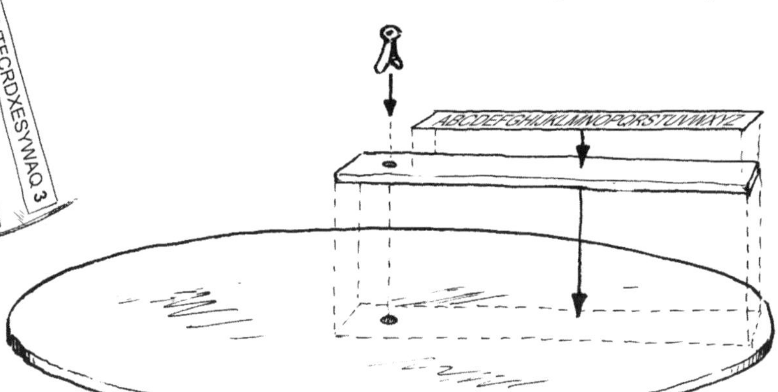

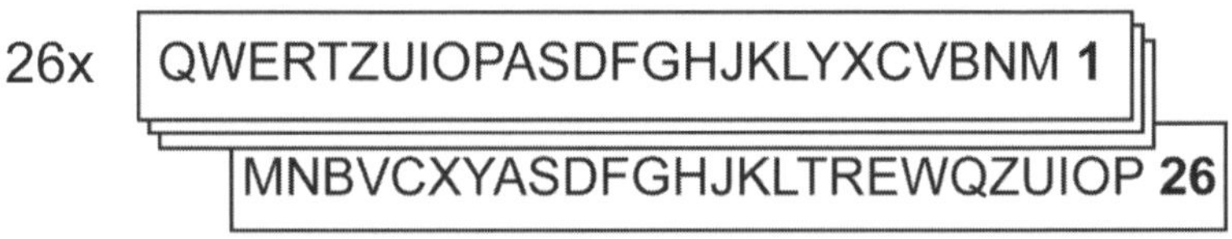

Für den Bau benötigst du:

- festen Karton
- Papier, Klebstoff, Schere
- eine Briefklammer

bete an, die auf der rechten Seite von 1 bis 26 durchnummeriert sind.

▸ Fertige ein Klartext-Alphabet an, das nicht nummeriert ist. Schneide es aus und klebe es so auf den Streifen, dass das Z rechts steht und sich das Loch links befindet. Stecke die Briefklammer durch das Loch und befestige den Streifen auf dem Rad. Der Streifen muss sich leicht drehen lassen.

▸ Klebe nun in Sternform die ausgeschnittenen 26 Alphabete so auf das Rad, dass sich die Zahlen außen befinden. Achte darauf, dass die Buchstaben des Streifens und die der Alphabete immer exakt untereinander stehen. Wenn du den Klartextstreifen auf dem Rad drehst, müssen die jeweiligen Alphabete immer klar zuzuordnen sein.

▸ Bevor du einen Text chiffrierst, brauchst du Schlüsselzahlen, z.B. 3, 11, 13, 17, 24, 26. Diese Zahlen stellst du nacheinander mit dem Klarstextstreifen auf deinem Chiffrierrad ein und verschlüsselst die Buchstaben deiner Nachricht. Hast du die sechs Zahlen durch, beginnst du wieder von vorne.

▸ Natürlich kannst du auch längere Schlüsselzahlen wählen oder mathematische Reihen, wie z.B. das 1 x 4 als Code wählen. Das bleibt dir überlassen. Nur Zahlen, wie beispielsweise deine Telefonnummer oder dein Geburtsdatum, solltest du auf keinen Fall als Schlüsselzahlen nehmen. Denn sie könnten zu schnell erraten werden.

▸ Dechiffriert wird, indem man auf den durchnummerierten Geheimalphabeten die Geheimbuchstaben und auf dem Klartextstreifen die dazugehörigen Klarbuchstaben sucht.

Justus' Tipp

Wer ganz sicher gehen will, der verwendet nicht jahrelang die gleichen Chiffriermaschinen, sondern legt sich regelmäßig neue mit neu gemischten Alphabeten zu. Die alten Chiffriermaschinen müssen unbedingt vernichtet und die neuen genauso gut versteckt werden. Die vereinbarte Schlüsselzahl sollte man regelmäßig wechseln und nicht aufschreiben, sondern auswendig lernen.

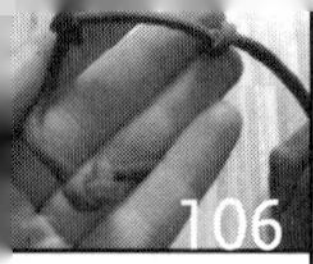

Computer-Kryptologie

Man sollte heute niemals im Internet surfen ohne ein Virenschutzprogramm installiert zu haben, das Computerviren erkennt und isoliert. Ein Firewall-Programm sorgt dafür, dass kein Hacker einen fremden Computer ausspionieren kann. Ein Dialer-Schutzprogramm hingegen verhindert, dass kriminelle Firmen heimlich sehr teure Telefonprogramme auf dem Computer installieren. Die so genannten Dialer verwenden 0190er Nummern, die zu sehr hohen Telefonrechnungen führen.

Wer denkt, dass Kryptografie und Kryptologie nur für Agenten und Ermittler von Bedeutung ist, der irrt sich gewaltig. Denn auch aus unserem Alltag sind Geheimschriften und Geheimcodes nicht wegzudenken. Dafür sorgen vor allem der Computer und das Internet, über das stündlich Milliarden von Daten ausgetauscht werden. Viele dieser Daten sind für Spione, Kriminelle oder Hacker interessant und müssen daher vor deren Zugriff geschützt werden.

Wichtige Daten werden mit besonderen Programmen verschlüsselt, bevor sie über das Internet versandt werden. Die aktuellsten Programme sind das RSA- und das PGP-Verfahren, die raffinierte mathematische Techniken nutzen und faktisch nicht zu knacken sind.

Bei allen wichtigen Einwahl-Aktionen am Computer werden Passwörter oder Schlüsselzahlen benötigt. Gleiches gilt für ein Handy (der PIN-Code) oder eine Kreditkarte (Geheimcode). Wer genau hinsieht, wird feststellen, dass die gesamte elektronische Kommunikation ohne Kryptologie nicht denkbar ist. Doch Hacker und Computerkriminelle lauern überall. Deshalb gilt besonders für den Detektiv:

- Schreibe die von dir verwendeten Passwörter und Codenummern niemals auf, sondern behalte sie im Kopf. Für einen Detektiv dürfte das kein Problem sein. Wähle niemals ein leicht zu erratendes Wort oder eine leicht zu erratende Zahl als Passwort oder Codenummer. Die besten Passwörter sind frei erfundene Wort- und Zahlkombinationen.
- Ändere regelmäßig deine Passwörter und Codenummern. So erschwerst du Hackern die Arbeit erheblich. Schalte dein Handy nicht frei, sondern nehme dir die Zeit, nach jedem Einschalten den PIN-Code einzugeben.

Verlierst du es, oder wird es gestohlen, kann niemand auf

RSA (Rivest, Shamir, Adleman = die Erfinder) und PGA (Pretty Good Privacy) sind moderne und komplizierte Computerverschlüsselungsverfahren, die bei richtiger Anwendung nicht zu knacken sind.

deine Kosten telefonieren.

- Surfe niemals im Internet ohne aktuelle Schutzprogramme. Am besten ist eine Kombination aus Virenschutz, Firewall und Dialerschutz. Nur so bleiben dein Computer und deine Daten vor dem Zugriff Unbefugter geschützt.
- Gebe niemals deine Adresse oder persönliche Daten an, wenn du nicht genau weißt, dass diese Anfrage absolut seriös ist.
- Wenn du eine geheime Nachricht per E-Mail verschicken willst, schreibe sie als Wort-Dokument und verschlüssele den Text mit einem der Verfahren, die du in diesem Buch findest, am besten mit deiner Enigma oder der Kreisel-Chiffriermaschine. Sollte ein Hacker deine Mail aus dem Internet fischen, kann er mit dem Text nichts anfangen.

Justus' Tipp

Der Informatiker Marian Kassovic von der Universität Hamburg hat ein Simulations-Programm geschrieben, mit dem sich eine Enigma simulieren lässt. Eine tolle Sache, die du einmal ausprobieren solltest. Mit dem Programm kannst du die Enigma in vollem Umfang benutzen. Du findest die Enigma unter ftp://agn-www.informatik.uni-hamburg.de/pub/cryptsim/simulators/ oder unter www.google.de und den Suchbegriffen Kassovic + Enigma.

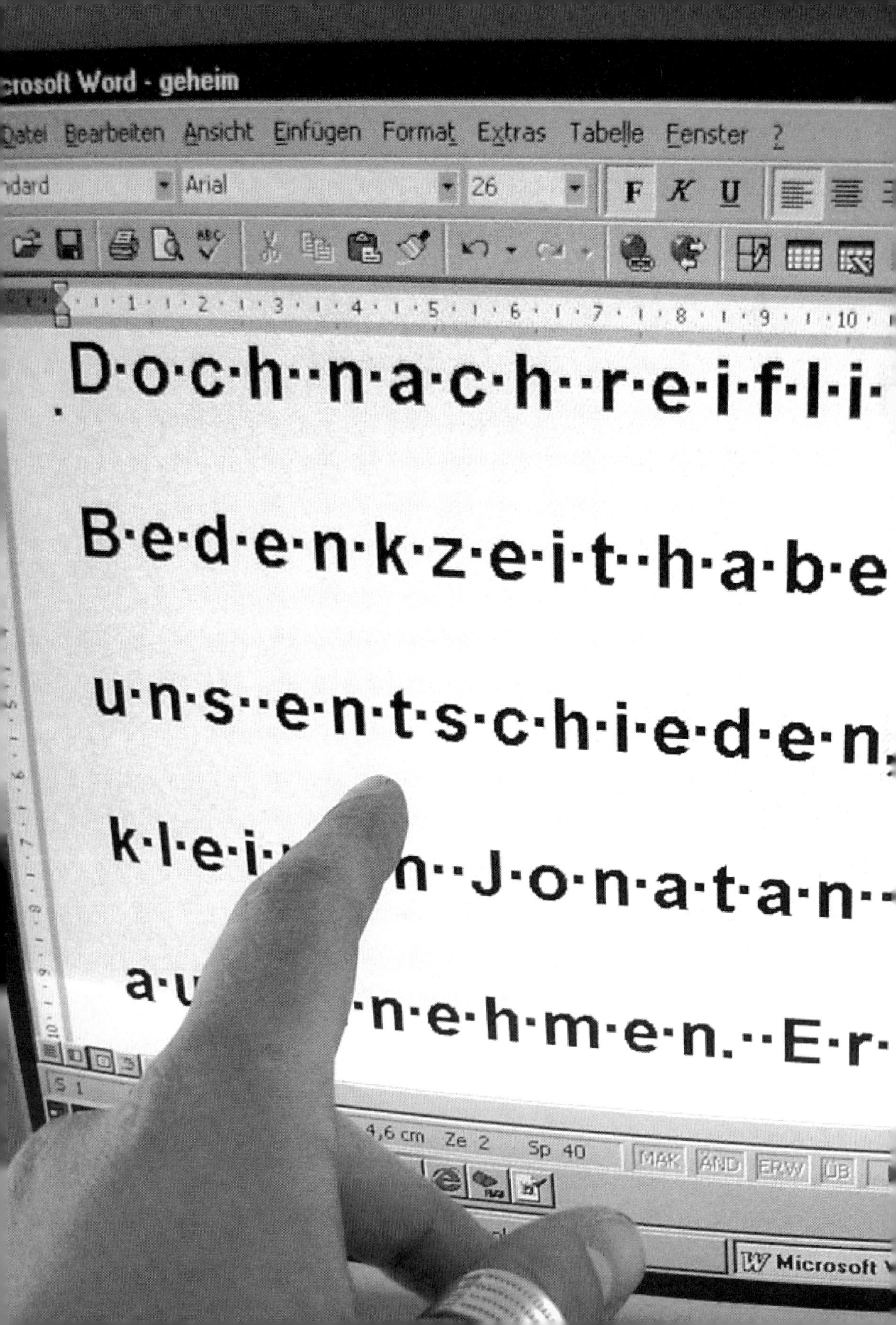
crosoft Word - geheim
Datei Bearbeiten Ansicht Einfügen Format Extras Tabelle Fenster ?
Arial
26
D·o·c·h··n·a·c·h··r·e·i·f·l·i·
B·e·d·e·n·k·z·e·i·t··h·a·b·e
u·n·s··e·n·t·s·c·h·i·e·d·e·n,
k·l·e·i·
n··J·o·n·a·t·a·n··
a·u
n·e·h·m·e·n.··E·r·
4,6 cm Ze 2 Sp 40
MAK ÄND ERW ÜB
Microsoft

Geheimschriften entschlüsseln und Codes knacken

Geheimschriften zu entschlüsseln und Codes zu knacken sind schwere Aufgaben, an denen oft genug auch Profis scheitern. Doch mit ein paar grundlegenden Hinweisen und wertvollen Tipps hat man eine echte Chance, das Rätsel einer geheimen Botschaft zu lösen.

Grundsätzliches

Wer eine Geheimschrift oder einen Code knacken will, muss zunächst erst einmal erkennen, ob es sich bei dem Text auch tatsächlich um eine Geheimschrift oder eine verschlüsselte Botschaft handelt. Denn wie du aus der Sherlock-Holmes-Geschichte von den tanzenden Männchen weißt (Siehe Seite 82), ist dies gar nicht immer so einfach. Der erste Schritt besteht also darin, eine Geheimbotschaft zu erkennen.

▸ Durch die verschiedenen Kapitel in diesem Buch weißt du inzwischen, wie unterschiedlich Geheimschriften aussehen können. Die wichtigsten Kennzeichen, auf die du achten musst, sind Wiederholungen. Das können z. B. gleiche Formen oder Figuren in einer harmlos scheinenden Kritzelei sein, die aber in bestimmten Abständen immer wieder auftauchen. Das sollte dich stutzig werden lassen. Es könnte sich um eine Geheimschrift handeln, die vielleicht einem ungeübten Auge entgeht, nicht aber einem guten Detektiv.

▸ Achte auf Runen, Hieroglyphen und andere nicht übliche Schriftzeichen. Auch dahinter könnte sich eine Geheimbotschaft verbergen.

▸ Auffällig sind lange Zahlenreihen und scheinbar unverständliche Buchstabenfolgen. Diese sind natürlich nicht groß und deutlich geschrieben, sondern stehen wahrscheinlich irgendwo ganz klein und unauffällig z.B. am Rand einer Buchseite. Aber auch auf der Verpackung eines Kaugummis (Vgl. Seite 51) oder zwischen anderen Zahlen und Buchstaben kann sich eine gehei-

Peters Tipp

Am wichtigsten beim Aufspüren von Geheimschriften ist jedoch deine Intuition. Viele berühmte Kryptologen waren keine begnadeten Mathematiker oder Computergenies, sondern hatten einfach ein Gespür für die richtige Lösung. Auch viele Schriftsteller waren hervorragende Kryptologen wie z.B. Edgar Allan Poe, der „Vater des Kriminalromans“.

me Nachricht verbergen. Denn in diesem Kontext werden sie meistens übersehen.

- Verdächtig sind auch leere Blätter, allzu belanglose Briefe oder Briefumschläge, deren Papier nicht ganz glatt ist. Auf ihnen könnte eine Nachricht mit unsichtbarer Tinte geschrieben worden sein. In diesem Fall musst du das Blatt vorsichtig mit einem Fön erwärmen, um die Tinte sichtbar zu machen (Vgl. Seite 57).
- Findet du Wörter aus dem Rotwelschen oder einer anderen Sprache, hilft meist nur der Besuch in einer Bibliothek. Dort kann dir ein kundiger Bibliothekar helfen, die richtigen Wörterbücher und Nachschlagewerke wie z.B. Übersetzungen aus dem Rotwelschen zu finden. Bei Rotwelsch hilft dir auch die Internet-Seite www.petermangold.de/lexikon_dr.asp weiter, und mehr über Gaunerzinken findest du unter www.guidosworld.de/nachschlagen/gauner/gaunerz3.html.

Der Schriftsteller Edgar Allan Poe hat sogar Wetten abgeschlossen, dass er alle verschlüsselten Botschaften, die ihm Leser und Freunde vorlegen, im Handumdrehen dechiffrieren könne. Je intensiver du dich mit Geheimschriften befasst, um so besser wird auch dein Gespür.

Häufigkeitsanalyse

Im 9. Jahrhundert, also vor mehr als 1000 Jahren, schrieb der berühmte arabische Philosoph Al-Kind das Buch „Abhandlung über das Entziffern kryptografischer Botschaften". Beim Studium verschiedener Texte war Al-Kind nämlich aufgefallen, dass bestimmte Buchstaben

in einer Sprache sehr häufig vorkommen, andere hingegen sehr selten.

Diese Erkenntnis setzte er erfolgreich ein, um geheime Texte zu entschlüsseln. Denn eine der häufigsten Methoden, einen Text zu codieren, ist die Substitution (Siehe Seite 29). Ein Buchstabe wird dabei durch einen anderen ersetzt. Dabei verändert sich jedoch nicht die Häufigkeit, mit der einzelne Buchstaben in einem Text auftauchen.

In der deutschen Sprache ist z.B. das E der häufigste Buchstabe. Rund 17 % aller Buchstaben eines durchschnittlichen deutschen Texts sind Es. Der zweithäufigste ist das N mit etwa 10 %, gefolgt vom I mit ca. 8 %. Die seltensten Buchstaben sind das Q und das X, die zu weniger als 1 % in deutschen Texten vertreten sind. Ersetzt man also ein E in einer monoalphabetischen Geheimschrift durch ein T, so wird dieses zum häufigsten Buchstaben: Das ist selbst in einem so kurzen Satz wie TREFFEN MIT PETER IN DER ZENTRALE gut zu erkennen. Bei einem verschobenen Alphabet könnte beispielsweise der Satz GETUUTB AXG DTGTE XB STE OTBGEPWT lauten. Ein Kryptologe würde daraus schließen, dass das T als häufigster Buchstabe für das E steht. Verschiebt er nun zwei Alphabete so, dass das E dem T gegenübersteht, so kann er den Text ohne Mühe entschlüsseln. Schwieriger wird es, wenn der Absender der geheimen Botschaft mehrere verschobene Alphabete verwendet hat. Unser Beispielsatz könnte dann lauten: BZTLLTM CKB QTBTZ KM UTZ FTMBZWPT. Doch auch in diesem Fall kann dir die Häufigkeitsanalyse weiterhelfen, da du ja das E mit großer Wahrscheinlichkeit identifizieren kannst.

Wenn wir nun in unserem Beispielsatz für das T ein E einsetzen, sähe es im ersten Schritt so aus: . . E . . E . . . . . E . E . . . . E . . . . . E. Im zweiten Schritt müssen wir nach typischen Buchstabenmerkmalen suchen. So folgt beispielsweise im Deutschen auf ein Q fast immer ein U. Außerdem kommen im Deutschen keine Wörter mit doppeltem U, I oder H vor. Daneben gibt es noch zahlreiche Bigramme, die für die deutsche Sprache typisch sind. Als Bigramme bezeichnet man die Kombinationen von zwei Buchstaben wie z.B. ST, CK, CH, EI, GE, ER oder AU. Es gibt auch Trigramme, von denen EIN und SCH die häufigsten Kombinationen sind. Die meisten Wörter enden auf EN und ER. Endet ein Wort mit einem G, so ist der vorangehende Buchstabe fast immer ein N. NG, ING oder UNG sind beispielsweise typische G-Endungen. Wichtig ist auch noch zu wissen, dass die häufigsten Wörter im Deutschen DIE und DER sind.

Wenn du diese Kenntnisse einsetzt, ein bisschen knobelst, ausprobierst und deine Spürnase einsetzt, wirst du den Satz bestimmt entschlüsseln. Der vorletzte Buchstabe ist ein E, und da EN und ER häufige Endungen sind, könnte das Wort STEMMER, STEMMEN oder TREFFER, TREFFEN heißen. Die Entscheidung fällt mit dem Wort QTBTZ, in dem ein B auftaucht. Das B ist im ganzen Satz viermal vertreten. Nach einigem Probieren kommt eigentlich nur das T als passender Buchstabe in Frage. Und da DER das häufigste deutsche Wort ist und ein E in der Mitte hat, bietet sich UTZ geradezu als DER an. Dass das K für das I steht, hast du auch schnell ermittelt, und der Rest ist ein Kinderspiel.

Knacken anderer Geheimschriften

Justus' Tipp

Die Kryptoanalyse ist eine schwierige Wissenschaft für sich. Für die Entschlüsselung mancher Texte haben Experten Jahre gebraucht. Manche Schriftstücke wie etwa die Beale-Chiffren (Siehe Seite 85) oder mehrfach verschlüsselte Botschaften, lassen sich gar nicht entschlüsseln. Wenn es dir also nicht gelingt, eine geheime Botschaft zu knacken, ist das noch lange kein Grund, an dir selbst zu zweifeln. Das kann sogar dem besten Detektiv einmal passieren!

Doch was machst du, wenn du auf eine andere Form der Verschlüsselung stößt, bei der die Substitution offensichtlich nicht eingesetzt wurde? In diesen Fällen kann dir das Wissen helfen, das dieses Buch vermittelt. Erfahrung, Übung und ein bisschen Glück brauchst du natürlich auch.

▸ Bei einer Buchstabenfolge auf einem schmalen Papierstreifen handelt es sich wahrscheinlich um eine Botschaft, die mit einer Skytale verschlüsselt wurde (Siehe Seite 78). Um sie lesen zu können, musst du den Durchmesser der Skytale ermitteln. Schneide die Papprolle einer Küchenpapierrolle der Länge nach auf, so dass du sie zusammendrücken und ihren Durchmesser nach und nach verkleinern kannst. So kannst du schnell verschiedene Durchmesser testen.

▸ Wenn bei einem Text die Häufigkeitsanalyse versagt, könnte es sich auch um eine Botschaft handeln, die mit Hilfe der Zaunlatten- oder Kolonnenmethode verschlüsselt wurde (Siehe Seite 79). Probiere also verschiedene Schlüsselzahlen aus. Beachte dabei auch die Länge des Texts: Kurze Texte haben fast immer kleine Schlüsselzahlen, längere Text hingegen größere. Auf kariertem Papier sind verschiedene Schlüsselzahlen schnell ausprobiert. Vergiss aber nicht, dass der Text zusätzlich auch noch vernietet sein könnte.

▸ Ein Text, der eine quadratische Form besitzt, könnte nach Jules Vernes' Methode der Transposition verschlüsselt worden sein (Siehe Seite 80). Besteht das Quadrat aus 6 x 6 Buchstaben, könnte es sogar sein, dass der Absender auch die von Jules Verne angegebene Schablone verwendet hat, da es nur wenige Möglichkeiten für derartige Schablonen gibt. In diesem Fall musst du eine Schablone ausschneiden, die auf das Quadrat passt. Hat das Quadrat ein anderes Format, etwa 7 x 7 oder 8 x 8 Buchsta-

ben, musst du mit Geduld verschiedene Schablonen testen.

▸ Eine wirklich harte Nuss sind Buch-Verschlüsselungen (Siehe Seite 85), da man sie ohne das passende Buch nicht entschlüsseln kann. Hast du es mit einer derartigen Geheimbotschaft zu tun, musst du das zwischen Absender und Empfänger vereinbarte Buch herausbekommen. Kennst du zumindest einen von ihnen, hast du eine kleine Chance, das Buch herauszufinden. Umso besser, wenn du beide kennst. Achte bei einem Besuch genau auf die Bücher im Bücherregal der betreffenden Person. Welches Buch besitzt sowohl der Absender, als auch der Empfänger? Haben die beiden besondere Lieblingsbücher? Mit etwas Glück kannst du infrage kommende Bücher ausfindig machen, und sie dir z.B. aus einer Bibliothek beschaffen. Dort kannst du dir die Kapitelanfänge kopieren. Dann nummerierst du die Wörter durch und versuchst, den Text zu entschlüsseln.

▸ Fällt dir eine Geheimbotschaft in die Hände, die offensichtlich mithilfe eines Codebuchs verschlüsselt wurde, kannst du nur versuchen, heimlich einen Blick in das entsprechende Codebuch zu werfen oder es für eine Kopie unauffällig „auszuleihen“.

▸ Codes, die aus Buchstaben und Zahlen wie z.B. B1 C2 A4 bestehen, lassen eine Schachbrett-Verschlüsselung vermuten (Siehe Seite 90). Aus der Anzahl der Buchstaben und der höchsten Zahl ergibt sich die Größe des verwendeten Schachbretts. Zeichne es auf und teste zunächst ein von links nach rechts und oben nach unten eingetragenes Alphabet. Kommst du damit nicht weiter, musst du weitere Möglichkeiten testen, ein Alphabet einzutragen.

Zeichen- und
TOTAL
BAR
8.41
ANZ. ARTIKEL
FITNESS SALA
03.04.2004
COCA-COLA
PFAND

Das Kryptologische Trainingscamp für Detektive

Nun wird es höchste Zeit, dein neu erworbenes Wissen über Geheimsprachen und Geheimschriften in der Praxis auszuprobieren. Die erste Station des Kryptologischen Trainingscamps besteht darin, verschiedene Geheimschriften zu entschlüsseln. Alle Botschaften sind so codiert, dass du sie mithilfe dieses Buchs und deinem detektivischen Gespür knacken kannst. Für die zweite und dritte Station brauchst du Partner, mit denen du die verschiedenen krypotografischen Techniken ausprobieren kannst.

Station I: Mission Maulwurf

- Anzahl der Mitspieler: ein Detektiv
- Dauer: ein Nachmittag

Die Story

Aus dem Knast werden ständig geheime Botschaften geschmuggelt. Doch ein Vollzugsbeamter hat sie abgefangen und kopiert. Nun ist es deine Aufgabe, sie so schnell wie möglich zu entschlüsseln. Du musst herausfinden, was die Gangster vorhaben, und wer sie überhaupt sind.
Doch Vorsicht, die Bande ist nicht dumm und hat jede Botschaft mit einer anderen Methode verschlüsselt.

1. RUNENTEXT

2. DREIECKSTEXT

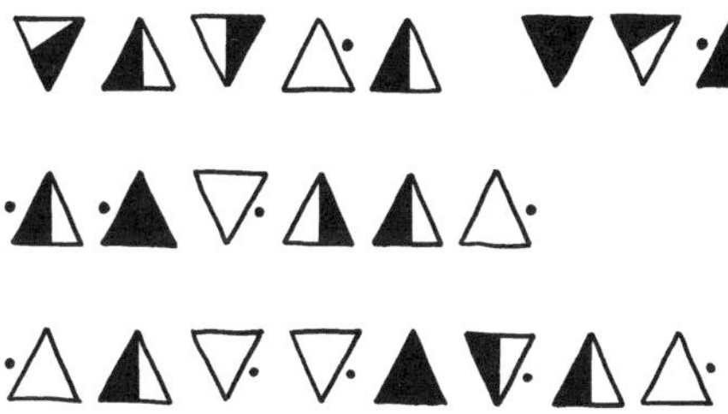

3. CAESAR-TEXT

DT8WEJG UQHQV JKNHG

4. VERNE-TEXT

G	K	N	O	A	M
T	N	E	G	M	B
X	E	E	E	R	X
N	U	X	E	M	Z
X	N	U	X	M	S
E	H	I	I	N	I

5. KOLONNENTEXT MIT VERNIETUNG

DKVEBSSEENTSUTASGIO-
ATWSIFIJLSMEMBNUGS-
SMMUAEHRTZKE

6. ENIGMA-TEXT MIT TAGESSCHLÜSSEL

Tagesschlüssel: A O
4 X P F K E 6 V A E 1 C 2

7. VIGENÈRE-QUADRAT MIT SCHLÜSSELWORT

Codewort: FRAGE
YIELJJE UTW JISZ QTIGKR

8. SCHACHBRETT-VERSCHLÜSSELUNG

A2 A1 D4 A3 B2 C4 B4 D1 E1
D4 D1 B2 E1 B1

9. BUCH-VERSCHLÜSSELUNG

aus dem Buch „Die drei ???, Codename Cobra“, zweites Kapitel:
8 2 44 45 56 31 12 52 28 50
53 52 7 15 34 12 50 37

Die Lösungen zu den kniffligen Aufgaben findest du auf der **Seite 125.**

Station II: Mission Undercover

Die Story

Eure Detektei hat von einem unbekannten Klienten einen heißen Auftrag übernommen und einen schwierigen Fall gelöst. Mit viel detektivischem Geschick habt ihr die Täter aufgespürt und wisst, wo sie die Beute versteckt haben. Die Täter sind jedoch gefährlich, und euer Klient befürchtet, dass sie mit der wertvollen Beute verschwinden könnten.

Er bittet euch, ihm die gewünschten Informationen auf geheimem Wege zukommen zu lassen. Die Täter dürfen jedoch nicht erfahren, dass sie längst aufgeflogen sind.

- **Anzahl der Mitspieler: 3 bis 10 Detektive**
- **Dauer: 3 bis 4 Tage**

Wie geht ihr am besten vor? Einer von euch übernimmt die Rolle des ersten Detektivs. Die Nachricht an den Klienten wird von dem ersten Detektiv in einer Geheimschrift seiner Wahl verschlüsselt und an den zweiten Detektiv übermittelt. Dieser entschlüsselt den Text und codiert ihn erneut, wobei er diesmal eine andere Geheimschrift wählt.
Auf diese Weise wird die Nachricht von Detektiv zu Detektiv weitergereicht, bis sie beim Klienten eintrifft. Diese Rolle spielt der letzte Detektiv. Er entschlüsselt die Nachricht und vergleicht sie mit dem ursprünglichen Text des ersten Detektivs. Stimmen beide Texte überein, seid ihr wirklich gut.
Um die Schwierigkeit der Aufgabe zu steigern, könnt ihr auch unbeteiligte Personen als Überbringer der Geheimbotschaften einsetzen.
Am Ende des Spiels solltet ihr euch treffen und über eure Fehler beim Codieren und Entschlüsseln sprechen.
So könnt ihr etwas daraus lernen.

Station III: Mission Verdeckte Ermittlung

Die Story

Die Formel für einen neuen Treibstoff ist gestohlen worden! Doch zum Glück kann deine Detektei sie wiederbeschaffen. Um sie in Sicherheit zu bringen, beauftragt der Erfinder jedoch nicht nur deine Detektei, sondern auch noch eine zweite. Denn er will ganz sicher gehen, dass das perfekte Versteck für die Formel gefunden wird!

Zwei gegnerische Agentengruppen erhalten den Auftrag, eine äußerst wertvolle Formel an einem sicheren Ort zu verstecken. Aus diesem Grund müsst ihr euch in zwei Gruppen aufteilen. Am besten lasst ihr das Los entscheiden. Jede Gruppe wählt einen Chefagenten, der für die Formel ein geeignetes Versteck sucht. Hat er dies gefunden, versteckt er die Formel dort und informiert die anderen Mitglieder seiner Gruppe wo sich das Versteck befindet. Seine Informationen sind natürlich verschlüsselt. Als Bote dient immer ein Mitglied der jeweils anderen Gruppe, der die Botschaft auch ordnungsgemäß und so schnell wie möglich zu überbringen hat. Er darf die Geheimbotschaft nicht verändern, sondern sie

- **Anzahl der Mitspieler: 4 bis 10 Detektive**
- **Dauer: mehrere Tage**

höchstens erwärmen, um z. B. unsichtbare Tinte sichtbar zu machen. Die gegnerische Mannschaft darf die Nachricht allerdings kopieren und versuchen zu entschlüsseln. Mindestens acht Mal muss auf diese Weise eine Geheimbotschaft übermittelt werden, in der das Versteck der Formel beschrieben wird. Jede Gruppe hat die Aufgabe, die Botschaften der anderen Gruppe zu entschlüsseln und das Geheimversteck zu finden. Wer das Versteck der anderen Gruppe zuerst findet, hat gewonnen.

Noch ein paar Regeln zum Schluss: Es dürfen ausschließlich Geheimschriften verwendet werden, die in diesem Buch beschrieben sind. Außerdem müssen die Botschaften eine Mindestlänge von 20 Wörtern haben und immer mit einer anderen Geheimschrift geschrieben sein.
Am besten beschreibt ihr in euren Nachrichten euer Versteck nicht direkt, sondern verwendet Abkürzungen oder Andeutungen, die nur eure Gruppe versteht.
Viel Spaß dabei!

Das kleine Detektivlexikon

ALIBI Kriminalistischer Fachausdruck für den Nachweis, dass ein Verdächtiger zum Zeitpunkt einer Tat sich nicht am Tatort aufgehalten hat. „Alibi“ ist lateinisch und bedeutet „anderswo“.

ASSERVATE Gegenstände, die bei einem Kriminalfall eine wesentliche Rolle spielen, werden „Asservate“ genannt (lat.: asservare = verwahren). Asservate werden in einer Asservatenkammer sorgfältig verwahrt, um z.B. bei einer Gerichtsverhandlung als Beweis zu dienen.

DAKTYLOSKOPIE Eine Methode zur Sicherung von Fingerabdrücken, die als Beweis dienen. Das Wort stammt aus dem Griechischen und bedeutet „Fingerschau“.

ENIGMA 1918 von Arthur Scherbius erfundene Chiffriermaschine. Enigma ist griechisch und bedeutet „Rätsel“.

HÄUFIGKEITSANALYSE Von dem arabischen Philosophen Al-Kind entwickelte Methode zum Entschlüsseln von monoalphabetischen Geheimschriften, also von Geheimschriften, die nur ein geändertes Alphabet verwenden.

HIEROGLYPHEN Schriftzeichen der alten Ägypter. Entwickelt wurden die Hieroglyphen etwa 3000 v.Chr. Anfangs waren die Zeichen eine Bilderschrift, wurden aber zur Silbenschrift und zur phonetischen Schrift weiterentwickelt.

IDENTI-KID Ein Verfahren, mit dem die Polizei Phantombilder von Tätern herstellt, die von Zeugen gesehen worden sind. Die Zeugen beschreiben den Täter, und ein Polizist stellt aus mehreren vorgefertigten Zeichnungen das Bild der gesuchten Person zusammen.

KETELKLOPPERSPROOK Berühmte Geheimsprache aus dem Hamburger Hafen. Erfunden wurde sie von den

Ketelkloppern, die zu Zeiten der Dampfschifffahrt die Kessel der Schiffe reinigen mussten.

KRYOTOLOGIE Wissenschaft, die sich mit Geheimsprachen und Geheimschriften befasst (Griechisch: kryptikós = verborgen, geheim; lógos = Wort, Wissenschaft).

MNEMOTECHNIK Die Kunst, das Gedächtnis durch Hilfsmittel zu unterstützen. Das Wort stammt aus dem Griechischen und geht zurück auf Mnemosyne, die Göttin des Gedächtnisses.

ROTWELSCH Alte Sprache der Gauner und Landstreicher, die von anderen nicht verstanden werden sollte.

RUNEN Schriftzeichen der Germanen, die vor allem religiösen Zwecken dienten.

SEMAGRAMM Ein Semagramm (griechisch: sema = Zeichen, grámma = Geschriebenes) ist ein Bild, ein Foto oder eine Zeichnung, die eine geheime Botschaft enthält, die auf den ersten Blick nicht zu erkennen ist.

SKYTALE Holzstab, um den einen papierstreifen gewickelt wird, um darauf eine geheime Botschaft zu schreiben. Die Skytale wurde von den Spartanern erfunden.

STEGANOGRAPHIE Methode der Kryptografie, die sich mit den verschiedenen Möglichkeiten befasst, eine geheime Nachricht zu verstecken.

SUBSTITUTION Das Ersetzen eines Buchstabens oder Wortes durch einen anderen. Eine der vielen Methoden der Kryptografie (lat.: substituere = ersetzen).

TRANSPOSITION Methode der Kryptografie, bei der lediglich die Reihenfolge von Buchstaben oder Wörtern verändert wird.

VIGENÈRE-QUADRAT Von Blaise de Vigenère (1523 – 1596) entwickelte Methode zur Verschlüsselung von Texten.

ZUNFTSPRACHEN Geheimsprachen der Zünfte. Die Zünfte entstanden im Mittelalter, wobei jedes Handwerk eine eigene Zunft bildete. Ihre Aufgabe war es, eine Ordnung für das jeweilige Handwerk festzulegen, also Regeln für die Ausbildung und das Führen eines Handwerksbetriebs.

Mission Maulwurf: Lösungen

1. RUNENTEXT
Lösung: WIR TUERMEN UM VIER UHR

2. DREIECKSTEXT
Lösung: KEINE FLUCHT WURDEN VERRATEN

3. CAESAR-TEXT
Lösung: BRAUCHE SOFORT HILFE

4. VERNE-TEXT
Lösung: KOMME UM SIEBEN ZUM HINTEREN EINGANG

G	K	N	O	A	M
T	N	E	G	M	B
X	E	E	E	R	X
N	U	X	E	M	Z
X	N	U	X	M	S
E	H	I	I	N	I

5. KOLONNENTEXT MIT VERNIETUNG
LÖSUNG: Schlüssel: 7N2
DAS ESSEN IST MIES IM KNAST

↓

D	K	V	E	B	S	S
E	E	N	T	S	U	T
A	S	G	I	O	A	T
W	S	I	F	I	J	L
S	M	E	M	B	N	U
G	S	S	M	M	U	A
E	H	R	T	Z	K	E

↑

6. ENIGMA-TEXT MIT TAGESSCHLÜSSEL
Lösung: Peter in Gefahr

7. VIGENÈRE-QUADRAT MIT SCHLÜSSELWORT
Lösung: TREFFEN UNS ERST MORGEN

8. SCHACHBRETT-VERSCHLÜSSELUNG
Lösung: KARL IST DER DIEB

9. BUCHVER-SCHLÜSSELUNG
Lösung: HEINZ IST HEUTE AM SEE

Lösung zum Vexierbild auf Seite 58

Stichwortverzeichnis